人生と社会を変える
根っこ力

政策提言・社会起業・市民活動

[編著]
NPO法人一新塾／森嶋伸夫

はじめに

「ふるさと納税」といえば、応援したい自治体に寄附ができる制度。今は誰もが知るところになった政策ですが、これは2002年に普通の市民である一新塾生の議論の中で「生まれ育ったふるさとにこそ恩返しとして納税したいのに、なぜできないのか」という思いから始まった政策提言活動でした。政策は、決して政治家や官僚だけのものではなく、本来、この時代を生きるすべての人たちに開かれたものです。

さて、「ふるさと納税」についてですが、返礼品という仕組みまで政策提言していたわけではなく、このような過熱した返礼品競争が起こるとは当時は思いもよりませんでした。また、住んでいなかったところへ納税、しかも複数の自治体へ納税できるようになることも想定外でした。「自分を育ててくれたふるさとへの恩返し」は骨抜きとなり、政策提言において、着地点までの理念を貫くことの難しさを痛感した出来事でした。また、提言に留まることなく、「政策提言」と共に自ら主体となって行動する「市民活動」や「社会起業」の重要性も改めて実感する機会となりました。

一新塾は大前研一氏が1994年に立ち上げた「新しい日本を創造するネクストリーダー養成学校」です。当時は、バブル経済の終焉で至るところで社会の問題が浮き彫りになり、未来への限界感が蔓延し始めた頃です。社会創造に向かう志を埋もれさせてしまった市民を誰もが政策提言できるほどの主体的市民に育むために立ち上げた「学び」と「実践」の場です。大前氏が都知事選に出馬した時の已むに已まれぬ切実感が貫かれている場です。

創設から23年目を迎えた今、当初の理念（平成維新憲章）はそのまま

に、この場に集った塾生は約5000名。現在の方法論は「政策提言」「社会起業」「市民プロジェクト」の三本柱になりました。

　あれから、時代は変わりました。当時は、"NPO"や"社会起業"という言葉はまだありませんでした。「行政セクター」と「ビジネスセクター」が大きく幅をきかせていた時代です。
　週末にボランティアをすれば、会社の同僚からは「奇特な人」とレッテルを貼られました。市民からの政策ですと議員に提言すれば「素人がそんなことして何になるんだ」と言われました。911、915（リーマンショック）、311、試練の現実が降りかかる度に、「市民セクター」は日本社会に根を張り巡らせてきました。

　世界の秩序が揺れ動く時代にあって、私たちの生き方も、働き方も、社会の在り方も転換を迫られます。人生100年時代と言われる中、サラリーマンであれば、一つの会社で定年を迎えて終わりとはならず、定年後の第2の人生のレールは自ら敷かなければなりません。あるいは、これからは、一つの会社だけでなくパラレルキャリアが普通になっていくかもしれません。働き方は、ますます多様化、流動化し、転職、起業、ＵＩＪターンもさらに加速していくでしょう。

　私たちが生きているのは大転換時代です。こういう時代だからこそ、時代の波にのみこまれることなく、自分軸をしっかり定めたいと思います。揺るがぬ志の杭をあなたの足元に打ち込んでください。計り知れないあなたの可能性を完全燃焼させるためには、揺るがぬ「根っこ」が必要なのです。
　多くのビジネスマンから、「お金儲けだけでは満たされない。社会貢献をしたいがお金にならない」といった声を聴いてきました。そして、

志の疼きを感じながらも、志を生きる一歩を躊躇していたのです。

　殻を破った外の世界は、本当はどんな世界なのか。道先案内人の社会変革者の講師の方々と、それに続いていった塾生が扉を開けた世界がどのように広がったのか、一人ひとりの志を生きる人生への転換の物語があります。

　一新塾では、社会や仕事に違和感を感じ、これまでの延長線上に未来はないのではないか、という純粋な疑問を感じた方が、東京・大阪・名古屋・仙台の学び舎に集います。自分と社会に向き合い、「根っこ」を掘り下げ、仲間と切磋琢磨して自分なりの一歩を踏み出す挑戦をしてきました。これまでに、この場から1000を超える市民活動（NPO）が誕生し、一新塾出身の政治家は177名、社会起業家は240名に上ります。

　私は、「市民が志を育み、全員参加で新しい国づくりに挑む」方法論を伝承していく役割を担わせていただいて20年となりました。5000名近くの塾生の皆さんと共に歩んだ日々でした。塾生期間を終え、卒塾しても何年も活動報告をいただいています。その中にかけがえのない知恵が溢れていて、ぜひ、これらの体験と知恵を書籍として出版させていただき、多くの方にお伝えさせていただきたいと思いました。

　本書では、新しい時代を拓く鍵である『根っこ力』に迫ります。

　自らの「根っこ」に根差して、社会創造に挑んでいったときに、何が起こるのか。社会変革者の先駆者の実践が、次に続く方にどのように伝承され、人生にどのような化学変化が起こり、どのような社会変革の行動が生まれてきたのか。あらゆるバックグラウンドの一人ひとりが、市民として志を生きるチャレンジに挑んだ実践例を通じて、その計り知れない可能性を感じていただきたいと思います。

このたび、一新塾の場でたくさんの知恵をいただいた社会変革に挑まれている講師の方々のうち、何度もお越しいただいている10名の講師の方々に「第2章 志を生きるロールモデル」にて講義の一端をご紹介いただけることになりました。「第3章 すべての人は志を生きられる」では、35名の卒塾生の方にご協力をいただきました。さらに、一新塾をずっと応援いただいている同志の皆さんのからのメッセージも掲載させていただきました。
　すべての人が唯一無二の「根っこ」を胸の奥に抱いています。
　この時代を生きる私たちが、自分だからこその『根っこ力』に目覚め、ともに新しい時代創造に向かってゆくための知恵の書です。

　すべての人は志を生きられる
　さあ、次は、あなたの番です。

　2017年8月吉日

　　　　　　　　　　　　　ＮＰＯ法人一新塾代表理事・事務局長　　**森嶋伸夫**

目　次

はじめに

第1章　志を生きる方程式　　一新塾代表理事・事務局長 森嶋伸夫

1　伝承される市民の知恵　14

典型的な会社人間
主体的市民という生き方
市民の知恵の伝承の場
志を生きられるのは一部の限られた人たちだけではない

2　志を育む場はこうして生まれた！　19

創設者大前研一氏のゼロベースでの挑戦
政策提言はコンサルタントに似ている
一新塾生が"言い切る"政策提言した「ふるさと納税」
ＮＰＯ法人として独立
1000を超える「社会を変えるプロジェクト」

3　すべての人が志を生きるための道　27

人生の革命
「市民セクター」の台頭
志を生きる方程式
「根っこ」と「幹」をつなげる『6つの箱』
平成の松下村塾

第2章　志を生きるロールモデル　　一新塾の講師陣

一新塾代表理事・環境総合研究所顧問・東京都市大学名誉教授
青山貞一　ミッション、パッション、アクション、「闘うシンクタンク」　36

元三重県知事・早稲田大学マニフェスト研究所顧問
北川正恭　生活者起点で一点突破、全面展開　38

㈱日本総合研究所 調査部 主席研究員
藻谷浩介　里山資本主義で描く日本の未来　40

NPO法人アサザ基金代表理事
飯島 博 霞ヶ浦再生に向けて28万人の市民が参加した「アサザ・プロジェクト」 *42*

非電化工房主宰・日本大学工学部教授
藤村靖之 地方で、いいことで、愉しく稼ぐローカルアントレプレナー *44*

評論家・ＪＥＴ日本語学校 名誉理事長
金 美齢 日本と台湾の懸け橋でありたい *46*

社会活動家・法政大学現代福祉学部教授
湯浅 誠 貧困の現場から見える日本社会 *48*

NPO法人自殺対策支援センターライフリンク代表
清水康之 誰も自殺に追い込まれることのない社会 *50*

元三鷹市立第四小学校長・元三鷹市教育長・東京家政大学特任教授
貝ノ瀬滋 地域と学校をつなぐ、コミュニティ・スクール *52*

一新塾理事・山梨県立大学名誉教授
前澤哲爾 日本にフィルム・コミッションをつくる *54*

一新塾の講師のすべての皆様に感謝を込めて（1994年〜2017年） *56*

第3章　すべての人は志を生きられる　一新塾の卒業生

1　まちづくり

グッドモーニング仙川！プロジェクト代表
児島秀樹 誰もが自分の街のキャスト（出演者）になれるまち *60*

「渋谷のラジオ」ファウンダー・チーフプロデューサー・「渋谷みつばちプロジェクト」代表
佐藤 勝 市民・企業・行政が本音で協働できる情報プラットホーム *66*
「渋谷のラジオ」

ペットシッター・ペットホテル「ニャンワンクラブ」代表
菊池信恵 「るーぷる仙台」に手を振ろう〜受容する街をめざして *72*

「旅宿 コットンクラブ」ペンション経営
早野慎哉 地元、阿蘇の「阿蘇らしさ」を後世に残すために *78*

2　商店街

NPO法人atamista代表理事・株式会社machimori代表取締役
市来広一郎 100年後も豊かな暮らしができる熱海をつくる *84*

合同会社ＶＡＬＮ代表社員・NPO法人ワップフィルム事務局長
菊地真紀子　商店街を舞台にした、多様な人が集う居場所づくり　　90

3　観光・旅館

株式会社たびえもん代表取締役
木舟周作　旅育を提唱する「たびえもん」の挑戦　　96

株式会社くつろぎ宿代表取締役社長・株式会社せせらぎ宿代表取締役社長
深田智之　事業を再生させ、地域を再生させる！〜会津東山温泉の　　102
　　　　　三旅館の同時再生

4　子育て・女性

NPO法人マザーリンク・ジャパン代表
寝占理絵　災地支援で知った「母子家庭の貧困」や「子どもの貧困」　　108

NPO法人大阪子どもの貧困アクショングループ（CPAD）代表
徳丸ゆき子　子どもの貧困を解決するシングルマザー100人調査を起点に　　114

NPO法人病児保育を作る会代表理事
賀川祐二　安心して預けられる病児保育を当たり前のサービスへ　　120

5　文化

株式会社Culture Generation Japan 代表取締役
堀田卓哉　日本文化の継承と世界への発信　　126

映画監督・執筆業
野田香里　異なる価値観や違った文化が触れ合うことで、　　132
　　　　　人は元気になる、社会は進化する

6　農業

株式会社みやじ豚 代表取締役社長・NPO法人農家のこせがれネットワーク代表理事
宮治勇輔　一次産業を「かっこよくて、感動があって、稼げる」３Ｋ産業に　　138

株式会社ＭＩＴＵ代表
佐藤好宣　ソーシャル・ファームバレーせんだいプロジェクト　　144

7　福祉

一般社団法人happy choice 代表理事
白根邦子　すべての人間の価値がお互いに認められる社会へ　　150
　　　　　〜障害者の施設製品を社会へ

NPO法人両育わーるどファウンダー・feese運営責任者
重光喬之 知的・発達障害児と関わる人がともに学び合う、「両育」のある社会へ　*156*

8　介護

オムソーリ・プロジェクト代表
齋藤哲 認知症から家族を守る、分かち合い社会の実現　*162*

株式会社スタイリッシュハウス代表取締役
佐藤秀雄 絶対やりたくないと思っていたことが生きるテーマに　*168*

NPO法人 生き活き元気塾 代表理事・塾長
本多慶吉 介護予防体操で、高齢社会に挑む　*174*

9　医療

生きがい訪問診療所 院長
木暮 裕 自分で居場所や治療方針を選択できる医療　*180*

株式会社ペイシェントフッド代表取締役
宿野部武志 腎臓病・透析に関わるすべての人の幸せのために　*186*

医療法人社団鉄祐会理事長
武藤真祐 在宅医療の現場から高齢先進国モデルをつくる　*192*

10　グローバル

株式会社レアジョブ創設者
加藤智久 世界中の人々が国境や言語の壁を越えて活躍できる社会　*198*

NPO法人未来をつかむスタディーズ代表理事
河内智之 誰もが自分らしく生きられる世の中へ　*204*

11　教育

うらやす子ども起業塾 運営委員長
峰松めぐみ うらやす子ども起業塾〜失敗を恐れず Let's challenge　*210*

谷町キッズポップフィルハーモニー楽団設立・応援団長
北原さとみ 「谷町キッズポップフィルハーモニー楽団」立ち上げ　*216*

La CLo 代表・NPO法人親育ネットワーク代表理事
黒田忠晃 総合共育で、夢や目標を持てる人を育みたい〜仮説から確信へ　*222*

12　政治

千葉市長
熊谷俊人　日本変革に向けて地方分権のモデルを千葉で創る　*228*

宇部市長
久保田后子　暮らして良し！ 働いて良し！ わがまち創生チャレンジ！　*234*
　　　　　　　山口県内で、初の女性市長

上峰町長
武広勇平　オンリーワンのモデルを目指す　*240*

金沢市長
山野之義　自立した市民が新しい金沢を拓く　*242*

柏市長
秋山浩保　主体的市民の輪を広げよう　*244*

豊明市長
小浮正典　壁のない豊明市を市民一丸で実現する　*246*

枚方市長
伏見隆　未来への投資〜 20年後の枚方のために　*248*

第4章　「根っこ力」の育み方　　一新塾代表理事・事務局長　森嶋伸夫

1　一新塾の根っこ力を育むプログラム　*252*
2　誰もが志を生きるマネジメント　*259*
3　一新塾を支えてくれる、志を生きる同志からのメッセージ　*260*

あとがき　*265*
プロフィール　　NPO法人一新塾　　森嶋伸夫　*267*
一新塾募集要項　*269*

第1章

一新塾代表理事・事務局長
森嶋伸夫

●

志を生きる方程式

1 伝承される市民の知恵

典型的な会社人間

「ふつうのサラリーマンでも国づくりに関われるのだろうか」「志を生きられるのは一部の限られた人だけではないだろうか」。サラリーマン生活の中で、ずっと引っかかっていた思いです。国づくりに関わりたい、自分だからこその使命を果たしたい、そんな憧れを根っこに持ちながらも、敷かれたレールの上を走りながら、周囲の評価に一喜一憂しながら、自分の根っこの思いに蓋をしている自分がありました。もやもやの思いを抱えていた典型的な会社人間でした。仕事を通じて社会を変えたいとの入社時の思いも、いつの間にか、埋もれさせていました。

もやもやの思いのピークは、住宅メーカーで都市開発・住宅開発の仕事に関わって10年目。これから自分はどんな人生を歩んでいくのか、生き方を見つめ直すタイミングだったと思います。

都市開発・まちづくりの仕事に従事する中で、会社の先輩方には専門知識を叩き込んで頂きましたが、私にとってそれ以上に大きかったのは、地域住民の方と意見交換する機会です。振り返ってみると、私は、名もなき市井の方々から、人はどう生きるべきか、社会はどうあるべきか、本当に大切なことを学ばせていただいていたことにハッとしました。市民とは何か、しっかり向き合ってみたい。そんなときに、私は一新塾と出会い入塾しました。1996年のことです。

主体的市民という生き方

衝撃を受けたのは、役所や業界のしがらみも、ものともせずに、ゼロベースでビジョンを描き、嬉々として日本変革に挑む創設者の大前研一氏

第1章■志を生きる方程式

の生き方でした。コンサルタントとしては世界の頂点を極めながら、プライドを横に置いても、ビジョン実現のために一市民として身を投じて愚直なまでに真っ直ぐ突き進む姿でした。経営コンサルタント→市民運動→都知事選立候補→人材育成事業と、自らの人生をオールクリアしながら全身全霊で挑み続ける姿勢に度肝を抜かれました。社会と向き合う切実感が違いました。

「何をやりたいんだ？　やりたいことを存分にやれ！」と檄を飛ばし続けていただいた。大前氏のものごとへの取り組み姿勢を垣間見させていただいて、私は、ハッと気づかされたことがあります。それまで、新しいことをやるときに状況をじっくり分析してから道を描いていましたが、この方法では自らの理想ビジョンに到達する道は見出されないということを痛感しました。

自らの理想ビジョンを本気で実現したいのであれば、まずは、制約条件は横に置いて、こうしたい、こうなって欲しいと湧き出るビジョンをゼロベースで描いてみるところからスタートする。そして、そのビジョンに到達するために、思い込みを打破して事実を分析して問題の本質にアクセスするのです。大前氏には自らの姿勢をして、現実のしがらみにまみれることなくゼロベースでビジョンを描くこと、そして、どんなにハードルが高くとも、そのビジョン実現のために全身全霊で真っ直ぐに

教室で塾生と対話

主体的市民の力を引き出しあう講義

挑み、行動し続ける主体的市民としての姿勢をまず率先して示していただきました。主体的市民という生き方を知り、自分の思い込みに亀裂が入りました。

講義では、多様なフィールドの社会変革者の講師の方々が、体当たりでぶつかっている社会

1996年の大前塾長講義「ボーダレス・ワールド」

の問題を教室に持ち込んでいただき、参加者全員でビジョンにアクセスし、問題解決の道を探ります。社会の現象の裏に隠された本当の問題が紐解かれることで目から鱗が落ちることばかりでした。また、志を生きるロールモデルとしての講師の方に出会うたびに、「こんな生き方があったのか！」と自分の人生にも亀裂が入っていきました。

自らの人生の根っこを掘り下げ、「できる・できない」を横に置いて、現場に飛び込み、行動したときに、自分の内から湧き上がるエネルギーを感じました。弱みをさらけ出したときに同志が大きな力となって支えてくれることを経験しました。社会はこれだけ懐が深く、人生はこれだけ多様で可能性に満ち溢れていることに、わくわくした思いが湧き上り、自分のこだわりの価値観、自らのタコツボが砕かれました。

一新塾では、もやもやの思いを仲間が一緒に掘り下げてくれて、あるとき、ストンと腑に落ちた思いがあります。それは、「市民の立場に軸足を置こう。人はどう生きるべきか、社会はどうあるべきか、生きる拠り所を市民にして、ここから向き合って、自分の人生を歩んでいきたい」との思いでした。その直後でした。「一新塾で市民を応援する仕事をしてみないか」との言葉をかけていただき、卒塾と同時に会社を辞めて、一新塾の学校運営の仕事に就くことになりました。

市民の知恵の伝承の場

　そして何より、人間のすごいところは爆発的な成長力です。やむにやまれぬ思いで現場に身を投じたときに、これまで眠っていた志が呼び覚まされます。壁も訪れますが、壁を乗り越えたときは、きまって自分の思い込みのタコツボに亀裂が入ったときでした。志を生きるための一番の壁は自分自身の内にあったのです。そして、一人の目覚めは周りの仲間へと連鎖していって、地域や業界に風穴を開けることがあります。

　いまでこそ、社会変革のフロントランナーとして活躍されている卒業生の方も、塾生時代は、もやもやの思いを抱えていたからこそ、その思いがバネになったのです。「人は変われない」とよく言われますが、しかし、

先駆者の知恵を懸け橋となって伝える

この場では、「人はここまで変われるのか！」といつも驚嘆させられます。

　一人の人間の計り知れない可能性には驚かされることばかりです。私が日々、こうした場面に立ち会わせていただいていることへの感謝は言葉では言い表せません。そして、その出来事が内包しているかけがえのない市民の知恵を、ぜひとも、次に続く方にお伝えしたいと思います。

　ここは、市民の知恵の伝承の場。身を投じて現場に飛び込んでいった塾生の挑戦から紡ぎだされた「市民の知恵」。ロールモデルとして塾生の後ろ盾になっていただいている講師の「市民の知恵」。その「市民の知恵」を懸け橋となって、次に続く人たちへお伝えするのが私の役割で

す。

志を生きられるのは一部の限られた人たちだけではない

一新塾の歴史を振り返ってみますと、ずっとこだわり続けてきたことは、どんな立場の人であっても、地位や学歴に関わらず、「すべての人たちが志を生きる」ということです。「志を生きられるのは一部の限られた人たちだけ」だったら、これまでの時代と何ら変わりません。

「すべての人たちが志を生きる」ことこそが社会変革なのです。

かつてであれば、社会変革のリーダーになるにはそれなりの資格が必要であったと思います。突出した才能や専門能力を持っているとか、特別な権威ある立場にいるだとか。一部の限られた人たちにリーダーとしての特権が与えられました。しかし、今、名もなき一市民でも、自らの志を鮮明にして、身を投じて邁進することで、誰もがリーダーになれる時代が到来したのだと思います。

切磋琢磨し、志を育み合う風土

そもそも、私たちが生きるこの社会を礎としてずっと支え続けてきたのは、名もなき一市民の人たちの現場での汗と知恵です。その奥には、名誉や称讃などの野心から離れた純粋な志がありました。どんな困難な試練があっても真心をもって挑戦し、限りを尽くして生きる。その志は現代を生きる私たちの日々の生活のなかで脈々と伝承され続け、今も息づいているのです。

一新塾の初期の頃、社会変革の先駆者である講師の方々の素晴らしい実績を、毎週毎週ケーススタディしました。時代を拓くビジョン。問題

の本質への分析の手法。問題解決のアイデア。どんな試練にも屈しない精神力。本当にたくさんの知恵に触れさせていただきました。しかし、いくら必死になって知恵を吸収しようとしても、普通の市民である私たちが仕事の合間の時間で活動したところで一体何をどこまで変えられるのか？「講師」と「普通の市民」の間に大きな溝を感じてしまうことがありました。「志を生きられるのは一部の限られた人たちだけ。平凡な自分たちには無理」との思いにのまれてしまいそうになることもありました。いただいた知恵を糸口にして、手探りで塾生と一緒に「どうしたら普通のサラリーマンでも社会を変えられるのか」何十回、何百回、何千回と、手探りで、現場で社会実験を重ねて模索し続けてきました。

2　志を育む場はこうして生まれた！

創設者 大前研一氏のゼロベースでの挑戦

創設20周年記念講演での大前研一氏

　この場は、市民の知恵の伝承の場です。経営コンサルタントとして、世界を舞台に活躍していた大前研一氏が、この日本が「生活者による、生活者のための、生活者主権の国」に生まれ変わるために、1992年に旗揚げした政策提言型の市民運動組織が「平成維新の会」です。一市民に立ち戻り、立場を横に置いて、自らの人生もゼロベースにしての挑戦でした。平成維新の理念とは、「生活者主権」「地方自治」「世界シ

ステムと共生」であり、道州制への移行を促すものでした。平成維新は旧体制を混在したままの改革ではなく、すべてをゼロベースでやり直し、新しい国家運営のシステムを創り出し、同時に世界から信頼される国に生まれ変わるために、国民にも意識改革を求めんとする運動でした。

　その精神を一新塾が引き継ぎました。無から有を生み出す、ゼロベースでの改革は、主体的な市民によってこそ可能であるとの信念に基づき、人材発掘・育成の場として、大前研一氏を創設者として、1994年に一新塾が創設されました。

『政治を政治家だけに任せるのではなく、
　行政を官僚だけに任せるのではなく、
　教育を先生だけに任せるのではなく、
　医療を医者だけに任せるのではなく、
　財やサービスを提供者だけに任せるのではなく、
　いまこそ、私たちがもっと積極的に行政や政治に関心を持ち、
　私たちの行動によって、ゼロベースでやり直し、
　新しい国家運営のシステムを創りだしていこう』

　20代から60代まであらゆる世代、多用なバックグラウンド、ビジネスマン、経営者、シニア、主婦、学生、フリーター、デザイナー、アーティストなど、これまで政治や市民活動に縁のなかった人たちも続々と結集。バックグラウンドや価値観を超えて多様な人が集う場は、これまでにないものでした。価値観が違う者同士の議論は、気づきと熱気で満たされました。さまざまなフィールドの第一人者の方を講師にお招きし、「普通の市民が」一緒になって主義主張を越えた自由な議論を交わすことに、社会を動かすエネルギーを感じました。

　「改革という、無から創造し、道なきところに道をつくるがごとき作

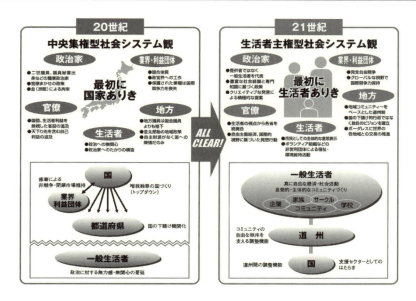

業は、主体的な市民によってこそ可能である」との創設者大前研一氏の呼びかけに応え、これまで政治や市民運動に縁のなかった人たちが続々と参加し、新しい時代の到来を予感させました。このムーブメントの原動力は、まさに「自分も新しい国づくりに参加できるんだ！」との市民意識の目覚めではなかったかと思います。

「ゼロベースからの改革を担う、主体的な市民をつくりだすためにも、民主主義の基本である主義主張を越えた自由な議論を交わすことをモットーとしたのである。その意味でも、講師、塾生も含めて、私の主張に真っ向から反対する者も大いに歓迎した。」今も根付いている大前氏の言葉です。

政策提言はコンサルタントに似ている

もう20年近く前になりますが、当時、大前塾長が政策提言指導の講義でこう語られました。「コンサルタントは、馬鹿にされないレポートを書くというのでは飯は食えない。政策提言はコンサルタントに似ている。

この「ふるさと納税の提言書」を持参して議員会館へ

自分を追い込んで、そういうところまで言い切っていいのかと。言い切るというのは非常に大変なことだ」。

さらに、こう続けました。「マッキンゼーで新人教育のときに『リサーチ会社になるな。リサーチャーになるな』とよく言ったんだよ。コンサルタントというのは、最後の一言が言えるかどうかがコンサルタントだと。色々調べて何が正しいかを気にするのがリサーチだと。この2つは違うぞと。『今日の天気は曇りのち晴れ、ところにより雨。雨の確率は32パーセント』と答えるのは、リサーチャー。コンサルタントは、『社長、今日は傘はいりません』あるいは『社長、今日は傘を持ってかないとひどい目にあいますよ』と言うかのどちらかなんだよ。政策提言もこれなんです。要するにね、雨の確率なんかより、傘はいるのか、いらないのか！』。

実際、この"言い切る"ことがなかなかできません。これは、曖昧な表現を好む日本人の特徴だと思います。"言い切る"ためには、覚悟が必要です。

一新塾生が"言い切る"政策提言した「ふるさと納税」

一新塾では、"言い切る"政策提言で道が開いた事例があります。「ふるさと納税」です。住民税の約2割（2015年まで1割）を上限に、現在の居住地以外の自治体に2千円を超す額を寄付すれば、個人住民税や所得税から控除される。この「ふるさと納税」の政策は、2002年に、一新塾の教室でコンセプトを議論し、ネーミングし、塾生有志と私も一緒になって立ち上げた道州制ドットコムのメンバーで"言い切った"もので

す。ふだん収めている税金を自分たちを育んでくれた"ふるさとに納税"することで、故郷を活性化させることができないものかと考えました。所得税を納めるようになった個人を育てたのは個人のふるさとです。

　人間形成、技能修得の大切な時期を過ごしたふるさとへの恩返しの意味もあります。当初は、個人の所得税の一定割合を個人が育ったふるさとの都道府県に納税するという新税制度を発案し「ふるさと納税」を政策提言しました。中央集権を打破し「地域主権」を実現するための新しい税財政の実現のトリガーになると信じました。

　2002年10月より、一新塾有志と私も何度も議員会館に通い詰め、与野党の地方分権に関心のある国会議員47名の事務所を訪ねて説明して回りました。ところが、議員の方々からは「これは難しい！　従来の税の考え方を超えているから」と何度も言われました。

　そこで、ＨＰをつくり発信しました。一新塾編著の本『今のニッポンを変えろ！』（プレジデント社2003年）でも発表しました。イベントでも呼びかけました、合言葉は、「良いと思ったことは、会って会って会って伝えて伝えて伝えよう！」その後、いろいろな人たちがこのコンセプトに共感し、推進し、少々かたちは変わりましたが、具現化に向かいました。返礼品競争が起こり、ここまで過熱するとは当時は思いもよりませんでしたがやはり、覚悟を持って"言い切る"ことが国を動かすのだと思います。

　一新塾有志は、皆、自らの生活実感から、根っこの思いを原動力に行動しました。また、税金の使い道を自分たちで決めたいとの強い思いもありました。バックグランドが違う者同士が「ふるさと納税」のビジョンに共感して動きました。このことは、一市民だからこそ、の道の拓き方だったと思います。

NPO法人として独立

2002年9月、一新塾はNPOとして大前グループから独立することになりました。それまで、塾生プロジェクトも続々と生まれ、さまざまなフィールドで活動も徐々に力あるものに育まれてきました。当時までは、大前研一の政策学校一新塾ということで、活動中に出会った方から「大前さんのところの塾生ですね！」と特別な配慮をいただくなど、大前氏の力に依存してしまうことが時々ありました。

主体的市民の輩出を標榜する一新塾として、塾生の主体性をより発揮いただくために最もいい環境は何か、常に模索し、大前さんとも議論を重ねていました。私は、塾生一人ひとりが、自らの名前で、自らの責任で行動をするために、NPOという器がいいのではないかと提案させていただき「よし、これでいこう」となりました。

自分の名前で、自分の責任で踏ん張るからこそ、主体性が育まれ、だからこそ、プロジェクトが力あるものに育まれていくのを、理屈ではなく、目の当たりにさせていただくこととなりました。やっぱり、"主体的市民"だと腑に落ちました。

私は、大前さんから、一新塾責任者のバトンをお受けして、直後に、

NPO法人化して共同代表の3名、青山貞一氏・片岡勝氏・森嶋伸夫

青山貞一さん（環境総合研究所長）の事務所にお伺いし、共同代表になっていただけるようお願いしました。青山さんは、環境汚染をＰＣでシミュレーションする高度な技術を武器に、市民の立場で国会に省庁に環境政策の提言をされ、環境アセス法の制定やダイオキシン特措法の議員立法の成立に関わってこられました。また、「ＮＧＯ環境行政改革フォーラム」を主宰し、志ある環境問題の専門家、環境ＮＧＯ、議員の力を結集して、環境に関わる政策の代替案を、納税者の立場から提案して政治・行政を突き上げ、自然保護、公共事業の見直し、地方財政健全化に効果をあげていました。

次に、片岡勝さん（市民バンク代表）のところに伺い、共同代表になっていただけるようお願いしました。片岡さんは、37歳で銀行を辞め、人間性に根差したビジネスを生み出そうと、フェアトレードや起業家育成・支援、社会貢献型事業への融資ファンド、高齢者福祉など、まだＮＰＯや社会起業といった言葉が普及していない時代からこの世界を切り拓いてこられた草分け的存在です。

そして、私、森嶋伸夫は、「生活者主権の国づくりのために主体的な市民を輩出」という一新塾創設の理念をしっかり継承し、一新塾の学校運営と主体的市民輩出のプログラム開発や政策提言、社会起業、市民活動立ち上げの方法の講義やインキュベーションを担当し、一新塾事務局長を兼務で共同代表を担わせていただきました。

2003年1月にＮＰＯ法人格を取得し、青山さん、片岡さん、森嶋の3人の代表理事体制で始めることになりました。

（現在は、青山さん、森嶋の2人の代表理事体制。片岡さんはカンボジアに活動拠点を移しています）

1000を超える「社会を変えるプロジェクト」

私が一新塾の仕事に就いて今年で20年。日夜、塾生と共に頭を突き合

わせ、共に現場に飛び込む日々。塾生が立ち上げた「社会を変えるプロジェクト」は1000を超えました。「社会起業」あり、「政策提言」あり、「市民プロジェクト」あり。テーマも多岐にわたります。活動現場のフィールドも全国各地、一部、海外を舞台に展開しています。

熱の入るチームプロジェクト・ミーティング

　その一つ一つの志を生きる挑戦に私は立ち会わせていただきました。一人ひとりが、人生の根っこを掘り下げ、同士と志を育み合い、縦横無尽に行き来して、時にタテ割りをヨコで串刺しながらの社会変革プロジェクトが続々と生まれてきました。自分のミッションに根差して、自分だからこその独自の方法論で、あらゆる角度から社会変革に挑みます。うまくいったもの、そうでなかったもの、いろいろありますが、どの経験もかけがえのない知恵の源泉です。

　約5000名の主体的市民が輩出され、一新塾出身の社会起業家は240名、一新塾出身の国会議員は10名、自治体首長は12名、地方議員は155名誕生しています。

　いま、一新塾のプログラムは3本柱。社会変革者の講師がロールモデルになってくれる「講義」。社会を変える技術を学ぶ「ワークショップ」。志を生きる挑戦の「コンサルティング」。私が担当させていただく講座では、20年間、塾生のみなさんと一緒に、試行錯誤し、何度も転んで、ＰＤＣＡを回し続け、奮闘し続けてきた実践から紡ぎだされた知恵の一つ一つをお伝えさせていただいています。

3　すべての人が志を生きるための道

人生の革命

　この20年、中央集権から生活者主権に向けて、何か大きく社会の枠組みが変わったかと問われれば、残念ながら、大きな変化があったとは言えないでしょう。では、全く変わってないのかといえば、そういうことでもないと思います。私自身、日々実感している変化。生活の現場で、驚くべき

敷かれたレールを歩む人生から、
自らレールを敷く人生への転換

スピードで、起こっている変化。それは、一人ひとりの人生の革命です。
　「収益事業」と「社会貢献」の両立を目指す生き方。つまり、会社人間と市民の二足のわらじの生き方です。そして、UIJターン。さらに、脱サラ起業。脱サラ議員。一億総主体的市民へ向けて、サイレントマジョリティが目覚め始めているのです。一人ひとりの意識変化と生き方の変化は、ものすごい勢いで広まっています。
　これまでの変革へのトライアルは、カリスマリーダーの改革派首長が現れてトップダウンでドラスティックな改革を進めますが、引退すれば揺り戻しで元に戻ってしまうということも少なくありませんでした。
　しかし、今度の改革は違います。地に足の着いた、個人が変わることからの社会変革。まず、個人が変わり、家族が変わり、地域が変わり、会社が変わり、自治体が変わり、国が変わり、世界が変わる。ボトムアップでの、市民による力強い歩みです。

「市民セクター」の台頭

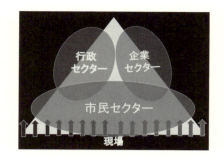

　これまで日本は巨大な2つのエンジンが社会を牽引していました。一つは「行政セクター」。一つは「ビジネスセクター」。かつてはものすごく機能したこの2つのセクターも、右肩上がりの経済成長は終わり、人口減少、少子化・高齢化、格差拡大など、時代の変化についていけず、制度疲労を患っている。何かに困ったら行政がすべての相談に乗ってくれるという時代は終焉。また、企業の経済力が人々の生活や心をさらに豊かにしてくれるという企業神話も崩壊。

　社会が多様化し、パラダイムが転換する中で、人々の心を豊かにし、さまざまな問題を解決していくために期待されているのが「市民セクター」です。「市民セクター」のプレイヤーは、社会起業家やNPOであり、私たち市民一人ひとりです。地域の様々な問題を解決し、豊かなコミュニティをつくり上げることで志を生きる人たちです。

　「行政セクター」「企業セクター」に「市民セクター」が加わり、3者で相互に補完し合う新しい社会。「市民セクター」では、自己実現ができ、社会にも貢献し、楽しく事業も起こし、お金も回していきます。行政の役割を「市民セクター」がどんどん担っていけば、税金の無駄をなくし、サービスのクオリティも上げることが可能です。

　こうした3つのセクターを縦横無尽に行き来して、時にタテ割りをヨコで串刺しながらの社会変革プロジェクトが続々と生まれてきました。一新塾に「社会起業コース」「政策提言コース」「市民プロジェクトコース」の3つのコースがあるのは、こうした3つのセクターを見据えてのことです。

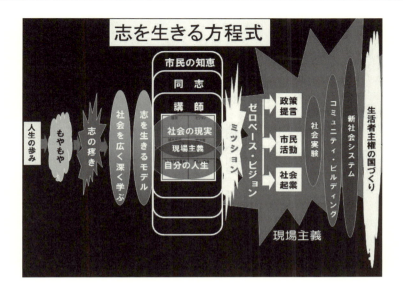

志を生きる方程式

　私が出会った5000名近くの塾生一人ひとり。すべての人が唯一無二の人生を携えてこの場にお越しいただきました。そして、"もやもや"を抱えている人もいました。この"もやもや"を掘り下げていくと「自分の人生」と「社会の現実」との違和感ともいえるかもしれません。その奥には、すべての人に志の疼きがありました。この疼きに従って行動したいのですが、最初はどう動いていいのかわかりません。また、気づかぬうちに思い込みのタコツボに入っていたりします。ですから、そのタコツボに亀裂を入れるべく、社会を広く深く学びます。さらに、志を生きるロールモデルにたくさん出会います。「こんな世界があったのか！」「こんな生き方があったのか！」と亀裂が入ってゆきます。そして、タコツボを砕くまでにはもう一プロセス。素の自分になって社会とまっすぐに向き合います。「社会の現実」に「自分の人生」を投げ入れます。これが、現場主義です。その現場主義の姿勢を「講師」の方々が

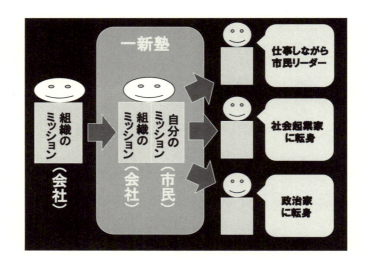

ロールモデルとして生きざまで示してくださいます。さらに、「同志」が、ともに向き合ってくれ、ともに現場に飛び込み、ともに行動してくれます。

そして、先輩たちの「市民」からの社会変革実験から紡ぎだされた知恵を杖として毎回の講座で一つずつお渡ししています。その杖を持って現場に飛び込みます。自分の内から湧き上がるミッション・ビジョンの柱。目指すべき方向が定まったら、社会を変える方法論は3つです。政策提言、社会起業、市民活動。現場で走りながら、プランニングしながら、進めていきます。

すると共感の輪が広がり、やがてコミュニティが生まれます。そしたら、一人ひとりがリソースを持ち寄り、新しいシステムをつくります。すると、地域が変わる。業界が変わる。これでゴールかと思いきや一段高見に上がると、さらに視界が開け、新しい"もやもや"が見えてきます。「志を生きる方程式」の2周目です。

そして、3周目、4周目…。この場には、1周目の"もやもや"の方もいれば、2周目の方もいれば、3周目の方もいます。しかし、「志を生き

第1章■志を生きる方程式

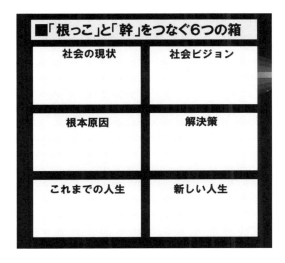

る方程式」を歩んでいるということでは全員が一緒なのです。

こうした一連のプロセスを体験しながら、たとえば「組織のミッション」しか生きていなかったサラリーマンも「自分のミッション」も生き始めるようになるのです。

「根っこ」と「幹」をつなげる『6つの箱』

政策学校から始まった一新塾ですが、2000年に、「政策提言」「社会起業」「市民活動」の3コース体制が確立しました。当時、大前塾長にコンサルティングしていただいていました。この3コース、フォーマットがバラバラだったのを「すべての共通するフォーマットを作ってくれ！」との宿題をいただきました。そこで、運営スタッフ（卒塾生ボランティア）と入手できる限りの企業や役所で使っているフォーマットをかき集めて共通ポイントを押さえていくと同時に、これまでの塾生プロジェクトでうまくいった実践の記録と照らし合わせて生まれたのが、6つの箱のフレームワークです。

「ゼロベースでビジョンを描く」→「現場主義で現状を捉える」→

「既成概念に亀裂を入れて根本原因を探る」→「自分の人生の根っこを掘り下げる」→「新しい人生にスイッチオン」→「自分だからこその解決策を見出す」というステップで、ミッションを鮮明にしながら、ビジョンを描き、解決の道を拓きます。「志を生きる方程式」でもその心臓部分が6つの箱です。

◆「社会ビジョン」の箱

6つの箱の起点は、「社会ビジョン」です。

心の底からワクワクする憧れが湧き上がるような社会ビジョンを描いてみましょう。ビジョンとは、願う未来の現実です。実現した暁には現実のものとなります。

目をつぶったらありありと情景が浮かぶところまでイメージしてみてください。具体的な現場や対象者を定めてください。対象者がどのようなハッピーな状況か具体的にイメージしてみてください。

◆「社会の現状」の箱

事実を見極めるために、何より重要なのは、2次情報に依存するのではなく、現場に飛び込み一次情報にあたっていくこと徹底的に現場主義です。さらに、現場はどこでしょうか？　対象者は誰でしょうか？どんな問題や痛みを抱えているでしょうか？　客観的に事実もとらえ、同時に対象者の思いに寄り添い、人生丸ごと受けとめましょう。

◆「根本原因」の箱

問題を表層的に捉えるだけでなく、そのベールの裏側にある問題の構造を見破ることが大切です。そのためには、世の中の空気にのまれることなく、常識を疑い、本質を見抜く力が問われます。

◆「これまでの人生」→「新しい人生」の箱

社会の現状の問題に対峙して、自分はどんな思いを持ち、どんな姿勢でいたか？　自分に突きつけていきます。当事者性を問いただします。もし、「自分もその問題を生み出す一翼を担った共犯者であった！」と

の気づきと後悔があればしめたもの。自分を砕き、志を新たに、主体的市民へと転換する道を歩むこととなります。

◆「解決策」の箱

「政策提言」「社会起業」「市民プロジェクト」などの社会変革プロジェクトは、この「解決策」中に表現されます。そして、プロジェクトを実効性あるものにするために、計画力、発信力、協働力を磨いていきます。また、「解決策」は、3つの必然から導き出されます。

1つ目は、上の「社会ビジョン」に向かうこと。

2つ目は、左の「根本原因」を解決するものであること。

3つ目は、下の「新しい人生」の志に根差していること。

平成の松下村塾

明治維新、背後にあった「私塾」の存在。志を同じくする仲間と熱く語り合いたい！　維新の志士たちは、同志を探し回って、同志がどこそこにいるとなれば、「脱藩行為」をしてでも、同志に会いに行きました。会えば、夜を徹して熱く語り合いました。そして、他に同志はいないのか、どこそこにいるぞ、となれば、また、藩を越えて同志に会いに行ったのでした。いつしか、維新の志士たちのネットワークは3000名を超え、新しい国を開くということがありました。そのとき、「私塾」は同志がつながりあうための装置として機能しました。

時を超えて、いま、世代を超え、縦割りを超え、同志がつながりあう場として一新塾の役割があるのだと思います。「平成の松下村塾を目指す！」一新塾創設の時からの合言葉です。

江戸時代の末期、ペリーの来航によって、吉田松陰は浦賀を訪れていたペリーの艦隊を眺め、「日本を守るためには、まず外国を知らねば守れない」と、黒船に乗って渡米することを思いつきます。しかし、松陰の必死の懇願も通じず、アメリカ側は乗船を拒否します。死を覚悟して

の行動でしたが、結局、自首を決意し、松陰は野山獄(のやまごく)に入牢されることとなります。

その野山獄で出会ったのは、長い獄中生活で、いつ自由になるとも知れず、希望を捨て、死んだ目をした11人でした。松陰は、一人にまず語りかけます。「欧米列強の国々が押し寄せるこの時代をどう受け止め、どう行動すべきなのか？生きるとはいかなることか？」限りを尽くして一人にとことん向き合い、あらん限りの情熱を注ぎ込み、共に立ち上がろうとぶつかっていきました。ついには、その一人の胸の中では、埋もれてしまっていた志が揺さぶられ始めるのでした。すると、その様子を見ていた他の者が「私も学ばせてください！」と声を上げます。一人、また一人と加わって、いつしか獄舎は学び舎と化していきました。

松陰は、野山獄から出た直後に、叔父から松下村塾を受け継ぐこととなりました。幾多の維新の志士たちを輩出した松下村塾で行われた"志を揺さぶる教育"は、まさに、野山獄で一人ひとりに魂込めて限りを尽くしてとことん向き合った中で磨き上げられたものではないかと思います。

松陰は、一人を変えることからの社会変革の実践者でした。応えたい対象者を一人に絞り込む。具体的に誰に応えたいのか、徹底的に絞り込み、一人の人間に定めていきます。そして、その人に会いに行き、話を聞かせていただき、その人に徹底的にアクセスしていくことで、問題の根源もビジョンも浮き彫りになっていきます。

さらに、その一人に応えるために自らの志を鮮明にして限りを尽くして完全燃焼する。その熱が激しければ激しいほど、続々と他の方へと連鎖を起こしていきます。社会が変わるとはそういうことだと思います。

一新塾の講師陣

●

志を生きるロールモデル

ミッション、パッション、アクション、「闘うシンクタンク」で社会を変える

青山貞一（あおやま・ていいち）

NPO法人一新塾代表理事
環境総合研究所顧問
東京都市大学名誉教授

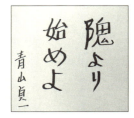

●プロフィール

1946年生まれ／アジア経済研究所関連機関、ローマクラブ日本事務局、フジテレビ系シンクタンク所長を経て、1986年「闘うシンクタンク」（株）環境総合研究所を設立、代表取締役を経て現在顧問／NGO環境行政改革フォーラムを主宰／環境にかかわる政策、施策、計画などの代替案を国民、納税者の立場から立案、提案し、自然保護、公共事業の見直し、地方財政健全化等に成果を上げている／2004～05年長野県環境保全研究所長／東京都市大学教授を経て現在名誉教授／2002年より一新塾代表理事。

講師の知恵　「闘うシンクタンク」で社会を変える

　PCを利用した3次元流体モデルによる大気、水、騒音などのシミュレーション技術。他の追従を許さない突出した分析スキルを武器に環境問題の実態解明に挑むと共に、納税者である市民の立場から環境に関わる政策の代替案を、国や地方に精力的に政策提言し続けてきた青山氏。大気汚染防止法の改正や環境アセス法の制定、ダイオキシン特措法の議員立法の成立にも関わってこられました。

　また、長野県の政策アドバイザーを務めるなど、一貫して「現場主義」で、21世紀の新しい社会システム構築に挑戦を続けてきました。ミッション、パッション、アクション、すなわち、社会的使命感、情熱を持って、行動する青山氏の志を生きる人生から、主体的市民の精神と姿勢を学ばせていただいています。
（森嶋）

「闘うシンクタンク」環境総合研究所立ち上げ

40歳になったとき、一大決心をしました。シンクタンクは自立・独立しなければダメだということです。経済的に自立していなければ、言いたいことも言えない。そこで、自分の会社を立ち上げました。それが現在の株式会社環境総合研究所です。独立後、ライフワークの環境の時代が到来するとともに、思う存分、国、自治体に政策提言が行えるようになりました。シンクタンクでは、政策立案分野とともに、当時出始めたパソコンを用い、従来は大型コンピュータでしかできないとされた、大気汚染や水質汚濁の高度なシミュレーション用のソフトを開発しました。

塾生プロジェクトへのコンサルティング

ERI（環境総合研究所）版SPEEDI

国のSPEEDI（緊急時迅速放射能影響予測ネットワークシステム）は過去30年以上、130億円超の研究開発費を投入していますが、いざというときに国民に情報提供することができませんでした。3.11以降、全国各地の原発が福島原発事故並みの事故が起きた場合を想定し、環境総合研究所では詳細に地形、気象などを考慮した3次元シミュレーションシステムを独自に研究開発し、その成果を要所で発表してきました。同時に、そのシミュレーションを基に基礎自治体や地域住民に助言してきました。使用しているパソコンは5万円台。性能は、国が130億円も投じたSPEEDIと同じか、それ以上のことが、市民価格でも実現できます。

生活者起点で一点突破、全面展開

北川正恭 (きたがわ・まさやす)

元三重県知事
早稲田大学マニフェスト研究所顧問

● プロフィール

1944年三重県生まれ／1972年より三重県議会議員（3期連続）、1983年より衆議員議員（4期連続）、1995年より三重県知事（2期連続）／「生活者起点」を掲げ、「事業評価システム」や情報公開を積極的に進めた地方分権の旗手／日本に「マニフェスト」を提唱し根付かせる／2003年早稲田大学大学院公共経営研究科教授就任、新しい日本をつくる国民会議（21世紀臨調）共同代表、2015年早稲田大学名誉教授、早稲田大学マニフェスト研究所顧問。

講師の知恵　生活者起点で社会を変える

「8年間の知事時代、県庁の改革はダイアログ一本に絞ったと言っても過言ではありません」と語る北川氏。三重県知事時代、「生活者起点」の理念を掲げ、県庁職員との徹底的なダイアログ（対話）を通じて事業評価、情報公開などに取り組み、地方分権の旗手として活動してきた北川氏。その後、「マニフェスト」を提唱。2003年の統一地方選挙と総選挙に取り入れました。選挙を重ねる度に普及が進み、日本の政治にすっかり根付きました。2004年には「早稲田大学マニフェスト研究所」を設立、ローカル・マニフェストによって地域から新しい民主主義を創造するための調査・研究を推進。「北京で一羽の蝶々がはばたくと、ニューヨークでハリケーンが生じる」ミクロの「ゆらぎ」がマクロを制するが如く「一点突破全面展開」で社会変革の方法論を学ばせていただいています。（森嶋）

ダイアログ（対話）

三重県知事時代に徹底的に活用したのはダイアログでした。

1995年地方分権推進法のときに三重県知事に就任しました。集権から分権に、そういう体質に県庁を変えていく、これが私の知事としてのミッションでした。

2000年に一括法が出来て機関委任事務が全廃になりました。これまで都道府県で国の機関委任事務が80％。都道府県はまったく国の下請け機関。私が「なぜ3月はそんなに道路工事をいっぱいしてるの？」と土木部長に聞いたら「そんなの決まっているじゃないですか、年度末だからですよ」すなわち、ルール・オリエンティッド。これかドミナントロジック（固定観念、思い込み）です。私はミッション・オリエンティッド。目的からです。夏になれば夏枯れで資材も人件費も安くなる。中央を見て中央に説明責任を果たすという県庁から、県民に説明責任を果たせる県庁になることが最も重要ではないか。徹底的にダイアログを朝から晩までやりました。

マニフェストを提唱

塾生の思いを受けとめ対話する北川氏

だけども、行政のカウンターパートである政治がそうはなっていませんでした。これまで、選挙公約は破られる代名詞、そんなものだと、思われていた。行政マンにPDCAサイクル入れて、何度も回してやっと合理的な組織ができたけれども、政治が利益誘導ですから。だから政治も変えなければいけません。まずは公約から、ということで「お願いから約束へ」、マニフェストを提唱しました。

里山資本主義で描く日本の未来

藻谷浩介 (もたに・こうすけ)

㈱日本総合研究所 調査部 主席研究員
㈱日本政策投資銀行 地域企画部 特任顧問
(非常勤)

> 日本の田舎が
> 最初にトンネル
> を抜ける！
> 希望の21世紀。
> 藻谷浩介
> 2016.12.21

● プロフィール

1964年山口県生まれ／1983年東京大学法学部卒業／1988年 日本開発銀行(＝現㈱日本政策投資銀行)入行、2012年 ㈱日本総合研究所 主席研究員 、㈱日本政策投資銀行 地域企画部 特任顧問(非常勤)／1994年米国NY市コロンビア大学経営大学院卒業 (MBA)／平成合併前3,200市町村のすべて、海外90カ国を私費で訪問し、地域特性を多面的に把握／2000年ころより、地域振興や人口成熟問題に関し精力的に研究・著作・講演を行う／2012年より現職／近著に「デフレの正体」「里山資本主義」(共に角川One テーマ21)、「観光立国の正体」(新潮新書)、「日本の大問題」(中央公論社)

講師の知恵　数字で事実にアクセスして日本を変える

「イメージ」や「空気」は事実と違う！「常識」や「理論」も事実からずれる！ 日本は「KY(空気読めない)」が問題でなく、「SM(数字見てない)」や「GM(現場見てない)」が問題だと語る藻谷氏。どれだけ思い込みによって、事実を歪めて見ているのか、まざまざと突きつけられ、目からウロコの連続です。現場主義の真髄に迫る、数字で事実にアクセスすることの重要性が刻まれる講義をいつもいただいています。そして、藻谷氏の提唱する「里山資本主義」。「里山資本主義」とは、マネー資本主義の欠陥を補うサブシステムと位置づけ、自然環境や人間関係などの、お金で買えない資産をも大切にし、お金だけに頼らずに済む社会を構築しようとする考え方です。思い込みのタコツボに亀裂が入ったときに、希望の未来が開かれます。(森嶋)

思い込む前に現場と数字を確認しよう

　日本や地域を何とかしようと行動する、社会起業家や政治家の志は尊いものです。ですがその行動が、思い込みに基づく間違った判断に立っていたら？　志とは逆に、世の中をおかしくしてしまうかもしれません。

　日本人みんなが何となく信じていることの多くは、事実とは違います。たとえば「日本の国際競争力は衰える一方」と聞きますが、日本の輸出はバブル以降2倍近くに増え、米国、中国（香港含む）、韓国、台湾、英国、ドイツのすべてから黒字を稼いでいますよ。逆に悪い話の例では、「若者の集まる首都圏はどんどん人口が増えている」と思われていますが、数えてみると実際に増えているのは、80歳以上の超高齢者だけなのです。これらは、国の統計をホームページで確認すればすぐわかる事実なのですが、恐ろしいほど知られていません。

　全国で地域振興のお手伝いをするのが仕事の私は、熱い志を胸に絶対にその地域から逃げずに続ける人を、仲間に選ぶようにしています。やはり最後は熱意と根気です。ですが、最初のところで事実と違うことを信じ込んでしまっている人は、どんなに熱意と根気があっても、ずれた方向に進んでしまって結果を出せません。

　志のある皆さん、どうか最初に事実を確認することの大事さを知ってください。

藻谷氏の問いかけに真剣に応える塾生

霞ヶ浦再生に向けて28万人の市民が参加した市民型公共事業「アサザ・プロジェクト」

飯島 博 (いいじま・ひろし)

NPO法人アサザ基金代表理事

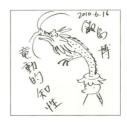

●プロフィール

1956年生まれ／中学生時代に水俣病などの公害事件を知り、自然と人間の共存について考え始める／1995年より霞ヶ浦再生に向けた市民型公共事業「アサザプロジェクト」を展開／延べ28万人もの市民が参加し200を超える学校を結ぶ壮大な社会実験／霞ヶ浦流域で始まった小学校での環境学習は北海道から沖縄まで全国に広まり毎年1万5千人もの子どもたちが参加／環境問題解決から地域ブランディングまで続々と事業を創出している。

| 講師の知恵 | よき出会いの連鎖で社会を変える |

90年代「もう霞ヶ浦を再生することは不可能だ」という諦めが地域を被っていた時に、立ち上がったのが飯島氏です。「アサザ・プロジェクト」は、"湖と森と人を結ぶ"市民型公共事業として、のべ28万人もの市民が参加し、200を超える学校や企業も森林組合も自治体も国交省も、みな、開くことで、つながっていく壮大な社会実験となりました。「壁を溶かし膜に変える」「よき出会いの連鎖」「動く線になって潜在的な点を浮上させる」。次々に発せられるのは未来を拓く言葉です。霞ヶ浦の水源地の谷津田保全のために企業と連携して日本酒づくり。霞ヶ浦の外来魚を魚粉の肥料に栽培された有機農産物の販売。環境保全・再生からまちづくりを提案する総合学習プログラムを全国の小学校での展開。環境問題解決から地域ブランディングまで、価値を創造し続ける飯島氏の知恵に学ばせていただいています。（森嶋）

今も生きて働いている子ども時代の衝動

僕の根っこには、いつも衝動があります。それは、世界に向けて自分を開きたいという欲求、つまり衝動です。僕は小学生の頃から衝動を大人たちに消されないように必死で努力してきました。衝動は、世界の全てのものがつながっているという直感と共に生き続け、自己完結しない事業や何処までも広がる付加価値の連鎖、自分を場として開き機能させるなど、今も私の事業を支える力になっています。だから、迷ったり決断を迫られたときなどには、いつも私の中に生きている子ども時代の自分と相談します。

愚になると開かれる

霞ヶ浦の再生に向けて、私は霞ヶ浦を全周歩いてみることにしました。これまで霞ヶ

講義後、塾生にアドバイス

浦の湖岸を歩いて調べた人はいないことに気付いたからです。小中学生を毎回5～6人連れて4周しました。発見や驚きの連続でした。水質汚濁といったマイナスイメージで覆われていた湖を隈なく丹念に歩いたら、小さなお宝が次々と見つかったのです。その一つが絶滅の恐れがある水草アサザの大群落でした。良くないものを減らす（問題解決型）発想から、良いものを増やし広げていく（価値創造型）発想への転換、そこから始まったのがアサザプロジェクトです。

湖を歩き始めたとき、一緒に歩いたのは子どもだけでした。とにかく愚になって歩く。私は広大な霞ヶ浦を子どもたちと歩きながら、自分を場として開くことができました。愚になることで自分を開く。それを、あえてやる人が何かを起こす人だと思います。

地方で、いいことで、愉しく稼ぐ ローカルアントレプレナー

藤村靖之（ふじむら やすゆき）

非電化工房主宰
日本大学工学部教授・工学博士

●プロフィール

1944年生まれ／大阪大学大学院基礎工学科修了の工学博士／1973年より㈱コマツ技術研究所にて熱工学研究室長などを歴任／1984年に息子がアレルギー喘息にかかったのをきっかけに㈱カンキョーを設立／電子式空気清浄機クリアベールを発明／1999年に㈱発明工房を設立／非電化工房主宰／東日本大震災後、「那須を希望の砦にしよう！」プロジェクトを発足／著書に『さぁ、発明家の出番です！』（風媒社）、『月3万円ビジネス』（晶文社）などがある。

| 講師の知恵 | 発明と非電化で社会を変える |

「地方でいいことで愉しく稼げる仕事」がローカルアントレプレナーだと語る藤村氏。あっと驚くような発明品を生み出す藤村氏の発想力は、新しい問題解決で起業する上で大いに参考になります。真の豊かさを実現するための仕事の在り方を月3万円ビジネスとして提唱。「着想したら2週間以内に行え！」「試作して実験。3〜4回目で成功なんて夢物語。失敗の繰り返しは15回が基準軸！」。また、インフラ整備の進んでいない遊牧生活を営むモンゴルやアフリカなどで発明品で支援活動を行ってきました。市場の拡大、市場の独占をよしとするグローバリゼーションの浸透した現代社会にあって、「危機を引き起こした同じマインドセットのままで問題解決はできない」とのお言葉に目が開かれました。いま、私たちはこの時代の試練に直面し、マインドセットから決別できるのか、突き付けられました。（森嶋）

科学者ではなく、発明家人生を選んだ理由

　発明家やっているのはなぜかっていうと、困っている人がいたら、発明して何とかしてあげるのが仕事だと思っているからです。それって、案外気持ちのいい仕事なんですよ。

　僕は、勇気と希望をもって、一生懸命、工夫したり、努力したり、みんなと協力したりしている状態を幸せっていうのだと思い込んでいるんです。ところが、勇気と希望を失ってしまうと、「工夫」も「努力」も「協力」もしなくなってしまう。つまり絶望でしょう。それはとても不幸ですよね。そういう人が年ごとに増えていくんですよね。

　僕の出発点は大学で一生懸命に物理を勉強して、大学院の博士課程行って物理の科学者になるんだと思い込んでいた。きっと科学者がいると世の中が平和になって困っている人が年ごとに少なくなっていくと。ところが、科学者をやってみたら、年ごとに困っている人は増えていく。民主主義も、情

既成概念に亀裂が入る講義

報も、科学技術も発達するのに。だから「とてもへんてこりんだなあ」と思っていた。

　それともう一つ。僕みたいに血が騒がないと行動できないっていうタイプの人間は、科学者とかやってみるとかったるい。自分の専門を狭く狭く絞って、そして、10年、20年、30年、耕し続けるわけでしょ。

　31歳のときにそうか、発明家か！　突然閃いちゃったんですよ。発明家っていうのは面白い、自分の専門なんてどうでもいいんですもん。発明家っていうのはハチャメチャ人生でしょ、それは絶対面白い！

日本と台湾の懸け橋でありたい

金 美齢 (きん・びれい)

評論家
JET日本語学校 名誉理事長

● プロフィール

1934年生まれ、台北出身／早稲田大学在学中、台湾独立運動に参加／国民党政府により30年あまり帰国の道をたたれた／大学院在学時より、複数の大学で講師を歴任、英語教育に携わる／1988年～2000年3月、柴永国際学園JET日本語学校校長／2009年日本国籍取得／テレビを始め、新聞・雑誌など各種メディアにおいて、家族・子育て・教育・社会・政治等、幅広い分野にわたってさまざまな提言を行っている／「凛とした生き方」(PHP研究所)、「凛とした母親が日本を救う」(PHP研究所) 他、著作多数。

講師の知恵　凛とした生き方が社会を変える

　日本統治下の台湾に生まれ、目の当たりにした日本統治から中国国民党統治への変化。そして日本への留学、台湾独立運動への参画。台湾当局から「独立主義者」としてマークされ、祖国へ帰ることも許されず、異国の地で二人の子どもを育て上げた金氏。自らの信念をぶれなく貫きながら、マスメディアでは幅広い分野にわたってさまざまな提言を行い、また、大学では講師として、日本語学校の経営者として、信頼と社会的地位を築かれました。さらに、日台の懸け橋として身を投じて奔走されました。2000年の台湾総統選挙の日に台湾にお招きいただき、参加した塾生は政権交代の瞬間に立ち会わせていただきました。2011年の秋には、義援金のお礼の表敬訪問に塾生も参加させていただきました。毎年、波瀾万丈の人生の金氏の凛とした生き方から学ばせていただいています。(森嶋)

日本と台湾の懸け橋に

　私が日本にいる50数年の歴史はある意味で、日台交流の歴史でもありました。日本と台湾の懸け橋でありたいとずっと思い続けていましたし、台湾出身で心から台湾を愛しています。日本でこれだけ長い間生活して、日本でこれだけお世話になっていて、日本も愛しています。この私の大好きな二つの国。私はよく言うんですよ、二つの祖国をもっているんだと。この二つの国が仲良く永遠にお互いを助け合っていくということが私の願いであり、少しでもそうなるように貢献すべきだと思っています。

「ありがとう台湾」オリジナルTシャツ

金氏のデザインした「ありがとう台湾オリジナルTシャツ」

　今日は商売をするためにやってきました。この大震災に対して、170億円を超える義援金が日本に寄せられました（最終的には200億円超え）。台湾の人口2,300万人、年収は日本の3分の1から、2分の1、その中で、これだけの義援金が届いたことに対して、政府も台湾に対して正式にお礼を言っていない。私のところにも雨あられとEメールがくるんです。「とりあえず、金さんの顔が浮かびましたので、金さんを通じてお礼を言ってください」と。そこで閃きました。「ありがとう台湾、オリジナルTシャツを作ろうと。実際に初めて商売やります。私がデザインしたTシャツを売るという商売。今日、見本を持ってきました。できたらこのTシャツを着た人をたくさん連れて、台湾に表敬訪問に行けたらいいなと思っています（2011.6.22の講義より）。

貧困の現場から見える日本社会

湯浅 誠（ゆあさ・まこと）

社会活動家
法政大学現代福祉学部教授

●プロフィール
1969年東京都生まれ／1995年東京大学法学部卒業／2003年同大学院法学政治学研究科博士課程単位取得退学／1995年よりホームレス支援／2003年よりNPO法人自立生活サポートセンター・もやい事務局長／2007年より反貧困ネットワーク事務局長／2008年、年越し派遣村村長／2009年内閣府参与（〜2012年）／2014年より法政大学教授（現代福祉学部）／NHK・Eテレ「東北未来塾」出演／『反貧困』（岩波新書）、『ヒーローを待っていても世界は変わらない』（朝日文庫）他、著作多数。

講師の知恵　当事者とつながることで社会を変える

「生活が苦しくなったのは自己責任だ」と政府やマスメディアの見方が強まる中、湯浅氏は、現場で具体的解決に着手。2008年の「派遣切り」で貧困問題が表面化。反貧困の市民活動の最前線に立ちました。湯浅氏は、ホームレス支援に着手した当時を振り返ります。雪が降った日には夜回り、だれだれが喧嘩したら仲裁に。ホームレスの人たちと酒を飲み、終電を逃し、「じゃあ泊まっていくか、路上に！」、最初は、寒くて怖くて一睡もできなかったそうです。「貧困の問題を訴え始めたら取材が一気に10倍ぐらいになった。当事者にどうやってアクセスすればいいか、みんなわからない」当事者と直につながっているというのは、実は極めて強い立場だったそうです。当事者とつながることの重要性を刻ませていただきました。（森嶋）

ホームレス支援の原点

障害者の兄貴の車いすを押して歩くと、よくじろじろ見られました。兄貴と一緒だったからこそ体験できたことです。1995年のホームレス支援のときに、このことを意識していたわけではありません

塾生の質問に親身に答える湯浅氏

が、じろじろ見られるときの何ともいえない感じを体験していたのは大きなことだったと、だいぶ後になって思うようになりました。

うちの兄貴は養護学校にスクールバスで通っていました。私は公立の小学校で、放課後は家の周りに遊ぶ友達がいますが、兄貴には友達がいませんので一緒に連れて草野球をやるわけです。すると「兄貴をどうするか」という問題が起こるわけです。色々やりましたが、野球のルールを変えないと、みんなが一緒に楽しむことができない。試行錯誤の結果、兄貴がバッターボックスに立ったときには、ピッチャーは3歩前に出て、上手でなくて下手で投げる。兄貴がバットを振ってボールに当てると、後ろに控えている代走が走り出す。こうしたルールを子どもたちで作りました。その場にいる人たちの最大の幸福を目指して、ルールをいじる経験をしたのは、私はそのときが初めてでした。

日本の法律も日本にいる人たち全員の最大の幸福を目指して、日々手直しされていくべきものです。自治体であれば条例、法律だけでなく政策もです。ルールはこうなんだと静的に考えずに、動的にあるべき姿を追求していきます。兄貴がいたからこそ、そういう発想になりました。

誰も自殺に追い込まれることのない社会

清水康之（しみず・やすゆき）

NPO法人自殺対策支援センター
ライフリンク代表

●プロフィール
1972年生まれ／1988年高校を中退し単身渡米、現地校に転入学する／1997年NHKに入局、テレビディレクターに、「クローズアップ現代」などを担当／自死遺児たちの番組を制作したことがきっかけで、自殺対策の重要性を認識／NHKを退職し、2004年にNPO法人ライフリンク設立／署名運動や国会議員への働きかけによって2006年「自殺対策基本法」成立に貢献するなど、自殺対策の「つなぎ役」として奔走／鳩山・菅政権下では内閣府参与。2016年基本法改正に貢献。国や自治体に対策を提言している。

講師の知恵　社会全体でPDCAを回して日本変革

　自らが自殺対策の「つなぎ役」「推進役」を担おうと決意された清水氏は、NHKを退職。ライフリンクを設立。10万人の署名を集めて「自殺対策基本法」成立に尽力。しかし、法整備だけでは対策は進まない。民間団体や専門家らをつなぐ全国組織、マスコミと連携しての情報発信、足立区と協定を結んでの自殺対策の都市型モデルづくり、全国の自治体に広げるための基本法の改正。清水氏が目指すのは、社会全体で自殺対策を回すための仕組み作り。自殺の問題を「個人の問題」にとどめず「社会の問題」として、国と地方自治体が協働してPDCAを回すシステム構築に挑まれます。同時に、一人ひとりのかけがえのない人生の重みを深く受けとめ、現場に細心の配慮を注ぎ、緻密に、血の通った、真心のこもった対策づくりに向かう姿勢は、いつも塾生の心を揺さぶります。（森嶋）

NHKを辞めて自殺対策に身を投じた理由

　私はNHKのディレクターをしていました。2001年の秋に放送した『クローズアップ現代』の「お父さん死なないで〜親が自殺 遺された子どもたち〜」の取材を通して自死遺児たちと出会いました。それまでもいろいろなテーマを扱いましたが、自殺の問題だけは他と違っていました。私自身が、日本社会に生きづらさ、息苦しさを感じていたので他人ごとではありませんでしたし、「自殺」といっても多くの人は追い込まれた末に亡くなっているのですが、その現実が黙って見過ごされている状況を何とかしなければと思いました。「自殺は身勝手な死だ」という誤解や偏見が払拭されぬまま、そもそも自殺の多くは追い込まれた末の死であるという実態が社会に共有されぬまま、対策が放置されている状況を、私自身も暮らす社会の問題として何とかしなければと思いました。

　社会の変化によってある問題が起きてしまうのは避けられないとして、しかし問題を早期に察知し、然るべき対応をとるというのが、あるべき社会の姿です。しかもその問題が人の命に関わるものであれば、なおのこと迅速に対応しなければならない。ただ、少なくとも自殺の問題においてはそれができていなかった。

参加者全員が当事者意識をもって臨む

　そこで、自分が対策の現場にはいって対策を進める側に回ろうと、2004年にNHKを辞めてライフリンクを立ち上げたのです。以来、全国の仲間たちと力を合わせて、自殺対策を社会全体で推進するための仕組み作りに取り組んでいます。

地域と学校をつなぐ
コミュニティ・スクールで日本を変える

貝ノ瀨 滋（かいのせ・しげる）

元三鷹市立第四小学校長
元三鷹市教育長
東京家政大学特任教授

変化を恐れるな
変化はチャンス
変化を起こせ
2016.11.30 貝ノ瀬滋

● プロフィール

1948年北海道生まれ／弁護士を目指して司法試験に挑戦するも、恩師の勧めで教職に就く／都内公立小学校教諭、東京都教育委員会指導主事、教育委員会参事などを経て、三鷹市立第四小学校校長に就任／地域と学校をつなぐコミュニティ・スクールの草分けとして教育改革を実施／2004年10月より三鷹市教育委員会、教育長／2012年10月より三鷹市教育委員会委員長／2013年1月より教育再生実行会議有識者委員／2016年7月より文部科学省参与／2017年4月より文部科学省初等中等教育局視学委員。

講師の知恵　　一対一の対話とコミュニティ・スクールで社会変革

　三鷹市立第四小学校の校長として、学校と家庭と地域が一体となったコミュニティスクールの先駆けのモデルを生み出した貝ノ瀬氏。コミュニティ・スクールとは、保護者や地域住民が一定の権限を持って運営に参画する、新しいタイプの公立学校です。これを提案したとき、毎日が参観日となることに、当初は、多くの教師が反対したそうです。それを、夏休みの40日間、毎日1人ずつ、個人面談して、全員の同意を取り付けました。コミュニティ・スクールの原点は、北海道の炭鉱の町に生まれ、隣近所で助け合った貝ノ瀬氏の幼少時代に遡ります。100年後を見据え、学校にとどまらず地域社会を見据える貝ノ瀬氏。「芽が出ないときは根を伸ばせ！」とのお言葉にいつも勇気をいただいています。（森嶋）

原点回帰から生まれたコミュニティ・スクール

三鷹市立第四小学校に校長として赴任したのが1999年4月。その前までは教育委員会で各学校を指導するという立場でした。昔は教育委員会の経験者が学校に入る場合は、名門校に配置されるものでした。「なんで私が多摩地区の田舎の降りたこともな

第四小学校での塾生企画のイベント

い町の校長だなんて」そのときは恥ずかしくも憤慨して6月まで鬱々(うつうつ)としていました。ある時、校長室の窓から子どもたちが遊ぶのを見ていて「この子たちが、まさにこれからの日本のリーダーになるような子供に育て上げること」が、自分の最初の原点だったんじゃないかと。「先生方と子どもたちだけの関係でなく、地域の人たちの力も借りて、先生方の応援団になってもらって、大きな力を発揮させたい」と思いました。

個別に一対一で説得する

1番の抵抗勢力は学校の先生でした。地域の人たちがボランティアで学校に入ってくるということは、毎日が授業参観になってしまう。しかし、先生方は自分のことを見られ、評価されるのを嫌がります。7月の職員会議で話しても、なかなか納得してくれませんでした。7月25日から夏休みです。40日間、必ず、一日1人は先生が来ます。一日1人ずつ、朝から晩まで、毎日一日がかりで説得しました。全体の中で突っ張っていても、一対一でいろいろ話すと軟化します。40日間で全員を説得して、9月1日臨時の職員会議で、全員に賛成していただきコミュニティ・スクールがスタートすることになりました。

日本にフィルム・コミッションをつくる
詰め将棋とオセロゲームと脱皮人生

前澤哲爾 (まえざわ・てつじ)

一新塾理事
山梨県立大学名誉教授

●プロフィール

1951年生まれ／1979年ソニーＰＣＬ株式会社入社／ハイビジョンプロデューサー、広報室長を経て、渉外部長をもって、2002年退社／本業の傍らフィルム・コミッション設立に奔走し2001年に「全国FC連絡協議会」を設立、2009年3月まで専務理事／2005年4月山梨県立大学開学と同時に国際政策学部国際コミュニケーション学科助教授、2009年4月より同教授／1994年一新塾入塾／2002年9月より一新塾理事。

講師の知恵　脱皮人生で社会を変える

　日本には1999年までフィルム・コミッション（FC）は一つもありませんでした。FCとは、映画・テレビ・CM等の撮影を地域に誘致し、ロケに適した場所を紹介し、撮影に必要な各種許認可に便宜を図るなどの撮影支援をする公的非営利組織です。本業の傍ら活動を開始。8年間で全国101カ所に設立される大きなムーブメントとなりました。「サラリーマン時代に仕事の合間をぬっての活動でも、これだけ出来る！」ということを実証していただきました。「私は、かに座でAB型なので甲殻類です。だから、脱皮しています」と語る前澤氏。「ハイビジョンプロデューサー」⇒「フィルム・コミッション」⇒「山梨県立大学教授」⇒「地域プロデューサー」、次から次へと脱皮し、新しいステージに挑み続ける脱皮人生に触れると、自らの脱皮のための勇気が湧いてきます。（森嶋）

「詰め将棋」と「オセロゲーム」

　自治体でフィルム・コミッションをつくるためにはどうしたらいいか？自治体を説得するには報告書が必要になる。報告書を作るには信憑性ある書き手が書かなくてはいけない。そのために研究会をつくる。研究会をつくるには呼びかけ人が必要。私が研究会に参加するような偉い人たちに依頼状を送っても「あんた誰ですか？」という話になる。そこで、私が個人的に知っているそれぞれの業界の著名な方に呼びかけ人になってもらい、その人たちから「委員になってください」という依頼状を送ったんですね。という形で、

脱皮人生のワークショップにて

ゴールを決めて後ろに戻ってくる、これ「詰め将棋」なんですね。

　「オセロゲーム」というのは、1つひっくり返すとババッとひっくり返る。フィルム・コミッションが1つできたら、それがいいと思われ、広がっていく可能性を持つのがオセロゲームです。両脇を黒にすると全部黒になる。ドミノ現象と同じで、波及効果があるかということがポイントです。

脱皮人生

　私は、かに座でAB型なので甲殻類です。だから、脱皮しています。エビが大きくなるためには、自分で殻を破るんですよ。すると、中に同じようにエビの格好をしてて、それがだんだん大きくなるときに、また殻を破る、脱皮です。人間も脱皮しているんじゃないかというのが私の考え方です。振り返ると5年ごとに転機を迎えています。5年間でプロになる。そうなると脱皮してステップアップします。私はずっと脱皮してきました。

一新塾の講師のすべての皆さまに感謝を込めて（1994年〜2017年）

1期から40期まで一新塾にてご講義いただいた講師の皆さまです。
社会変革のフロントランナーとしての熱き志と深きお知恵に触れさせて
いただけましたことに心より感謝いたします。
講師の皆さまのお知恵のお陰で、塾生があらゆるフィールドで
志を生きる挑戦に思いっきり挑戦することが出来ております。
重ね重ね本当にありがとうございます。

■ 議員

江田五月（参議院議員）、枝野幸男（衆議院議員）、尾身幸次（衆議院議員）、加藤公一（衆議院議員・一新塾OB）、菅直人（衆議院議員）、栗本慎一郎（衆議院議員）、小池百合子（衆議院議員）、河野太郎（衆議院議員）、小宮山洋子（衆議院議員）、櫻井充（参議院議員）、塩崎恭久（衆議院議員）、鈴木寛（参議院議員）、田嶋要（衆議院議員・一新塾OB）、田中秀征（元経済企画庁長官）、長妻昭（衆議院議員・一新塾アドバイザー）、永野茂門（参議院議員）、中村敦夫（参議院議員）、福島瑞穂（参議院議員）、保坂展人、松井孝治（参議院議員）、馬淵澄夫（衆議院議員）、山崎拓（衆議院議員）、渡辺喜美（衆議院議員）、後藤祐一（衆議院議員）、弦念丸呈（湯河原町議会議員）、とかしきなおみ（杉並区議・一新塾OG）、山中正樹（神奈川県愛川町議員・一新塾OB）、山本直史（千葉市議会議員・NPO法人にこにこ稲毛代表・一新塾OB）、野村諒子（三島市議会議員・一新塾OG）

■ 知事

浅野史郎（宮城県知事）、上田きよし（埼玉県知事）、梶原拓（岐阜県知事）、片山善博（鳥取県知事）、北川正恭（三重県知事）、田中康夫（長野県知事）、橋本大二郎（高知県知事）、平松守彦（大分県知事）、古川康（佐賀県知事）、増田寛也（岩手県知事）、松沢成文（神奈川県知事）

■ 市区町村長

秋葉忠利（広島市長）、石田芳弘（犬山市長）、市村良三（小布施町長）、逢坂誠二（ニセコ町長）、清水聖義（太田市長）、竹内謙（鎌倉市長）、根本良一（矢祭町長）、穂坂邦夫（志木市長）、松島貞治（泰阜村長）、山田宏（杉並区長）、木下敏之（前佐賀市長）、中島興世（恵庭市長）、中田宏（横浜市長）、千葉光行（市川市長）、笠松和市（上勝町長・前・葛巻町長）、齊藤栄（熱海市長）、山内道雄（海士町長）、小林日出夫（泉崎村長）、熊谷俊人（千葉市長・一新塾OB）、秋山浩保（柏市長・一新塾OB）、久保田后子（宇部市長・一新塾OG）、山野之義（金沢市長・一新塾OB）、桜井勝延（南相馬市長）、保坂展人（世田谷区長）、山中光茂（松阪市長）、菅野典雄（飯舘村長）、鈴木直道（夕張市長）、本川祐治郎（氷見市長・一新塾OB）、武広勇平（上峰町長・一新塾OB）、小浮正典（豊明市長・一新塾OB）、伏見隆（枚方市長・一新塾OB）

■ 行政

貝ノ瀬滋（三鷹市教育長）、後藤祐一（元経済産業省）、斎藤健（内閣官房行政改革推進調整室企画官）、坂本忠弘（元財務省）、渋谷和久（国土交通省）、杉原佳尭（長野県知事特別秘書）、野村隆三（自治省市町村振興企画官）、宮本政於（厚生省神戸検疫所課長）、村尾信尚（元財務省・WHY NOT 創設者）、義家弘介（横浜市教育委員会委員・教育再生会議委員）、藤原和博（杉並区立和田中学校長）、福岡浩彦（消費者庁長官・前我孫子市長）、小菅正夫（旭山動物園前園長）

■ 経営者

鍵山秀三郎（（株）イエローハット創業者・「日本を美しくする会」相談役）、加藤充（（株）アイフルホーム社長）、川合アユム（イーディーコントライブ（株）創業者）、川淵三郎（Jリーグチェアマン）、菊池三郎（ロータス（株）代表取締役社長）、木全ミツ（イオンフォレスト）、行天豊雄（東京銀行会長）、三木谷浩史（楽天（株）社長）、小林正忠（楽天（株）取締役）、近藤恒雄（第一測量設計コンサルタント代表取締役）、杉山知之（デジタルハリウッド校長）、千本倖生（慶応ビジネススクール教授）、ビル・トッテン（アシスト社長）、フリッツW.M.ヴァンダイク（ネスレ日本（株）社長）、松山大河（ビットバレー・アソシエーションディレクター）、水澤佳寿子（（株）コティ代表取締役社長）、宮内義彦（オリックス会長）、余語邦彦（大前・ビジネス・ディベロップメンツ代表取締役社長）、廉宗淳（e-Corporation.Jp代表取締役）、熊野英介（アミタ株式会社代表取締役社長）、坂本桂一（株式会社フロイデ会長）、柴田励司（カルチュア・コンビニエンス・クラブ株式会社取締役COO）、鶴岡秀子（ザ・レジェンド・ホテルズ＆トラスト株式会社代表取締役CEO）、有吉徳洋（ソーケングループ代表取締役社長）、秋山をね（株式会社インテグレックス代表取締役社長）、山田英（アンジェス エムジー株式会社代表取締役社長・一新塾OB）

■ 社会起業

飯島博（アサザ基金代表理事）、山口絵理子（株式会社マザーハウス代表取締役）、藤村靖之（（株）発明工房主宰）、

第 2 章■志を生きるロールモデル

深田智之((株)リゾートコンベンション企画代表取締役社長・一新塾OB)、加藤智久(株式会社レアジョブ代表取締役CEO・一新塾OB)、藤田和芳(大地を守る会会長)、宮治勇輔(株式会社みやじ豚代表取締役社長・NPO農家のこせがれネットワーク代表理事CEO・一新塾OB)、大和田順子(一般社団法人ロハス・ビジネス・アライアンス共同代表・一新塾OG)、市来広一郎(NPO法人atamista代表理事・株式会社machimori代表取締役・一新塾OB)、大塚洋一郎(NPO法人農商工連携サポートセンター代表理事)、小島希世子(株式会社えと菜園代表取締役)、賀川祐二(NPO法人病児保育を作る会代表理事・一新塾OB)、川北秀人(IIHOE代表)、奥谷京子(WWB/ジャパン)、白井智子(スマイルファクトリー)、炭谷俊樹(ラーンネット・グローバルスクール代表)、田辺大((有)フォレスト・プラクティス代表)、日野公三(アットマークラーニング代表取締役)、細内信孝(コミュニティ・ビジネス・ネットワーク理事長)、横名知二(株式会社いろどり代表取締役)、山本直治(「公務員からの転職支援役人廃業.com」主宰)、小出宗昭(イドム代表・はままつ産業創造センタービジネスコーディネーター)、岸本晃(株式会社プリズム代表取締役)、佐野章二(株式会社ビッグイシュー日本代表)、村田早耶香(NPO法人かものはしプロジェクト共同代表)、鵜尾雅隆(株式会社ファンドレックス代表取締役・日本ファンドレイジング協会常務理事)、塩見直紀(半農半X研究所代表)、安藤哲也(NPO法人ファザーリング・ジャパン代表理事)、曽根原久司(NPOえがおつなげて代表理事)、加藤大吾(アースコンシャス代表)、橘ジュン(NPO法人BONDプロジェクト代表)、鈴木誠(株式会社ナチュラルアート代表取締役)、澤登和夫(株式会社ありがト代表・一新塾OB)、山本繁(NPO法人NEWVERY理事長)、林恵子(NPO法人ブリッジフォースマイル理事長)、光畑由佳((有)モーハウス代表取締役・NPO法人子連れスタイル推進協会代表)、福井信佳(「芸術家のくすり箱」代表・一新塾OG)、岡本重明(農業生産法人有限会社新鮮組代表取締役)、半谷栄寿(一般社団法人 福島復興ソーラー・アグリ体験交流の会代表理事)、藤沢烈(一般社団法人RCF復興支援チーム代表理事)、山田敏夫(ライフスタイルアクセント株式会社代表取締役)

■NPO・NGO

大橋正明(シャプラニール代表理事)、加藤哲夫(せんだい・みやぎNPOセンター代表理事)、熊谷則一(弁護士)、鈴木亨(北海道グリーンファンド事務局長)、田中優(未来バンク事業組合理事長、早坂毅(税理士・NPOコンサルタント)、福岡史子(コンサベーション・インターナショナル日本代表)、松原明(シーズ＝市民活動を支える制度をつくる会事務局長)、毛受芳高(アスクネット代表理事)、森澤珠里(アムネスティ・インターナショナル事務局長)、柳瀬房子(難民を助ける会事務局長、渡辺豊博(日本グランドワーク事務局長)、藤井絢子(菜の花ネットワーク理事長)、三好悠久彦(リベラヒューマンサポート理事)、野上泰生(NPO法人ハットウ・オンパク理事・野上本館社長)、清水康之(NPO法人自殺対策支援センター)、湯浅誠(NPO法人自立生活サポートセンター・もやい事務局長・反貧困ネットワーク事務局長)、田中淳夫(NPO法人銀座ミツバチプロジェクト副理事長)、枯川純子(NPO法人日本希望製作所事務局長)、牧野史子(NPO法人介護者サポートネットワークセンターアラジン理事長)、徳丸ゆき子(NPO法人大阪子どもの貧困アクショングループ代表・一新塾OG)、寝占理絵(NPO法人マザーリンク・ジャパン代表理事・一新塾OG)

■市民活動

オ・ヨンホ(オーマイニュース代表)、大野一敏(太平丸代表取締役)、小田全宏(首相公選の会代表)、清水全(しなの鉄道研究会)、設楽清嗣(東京管理職ユニオン)、鈴木邦男(一水会代表)、高野孝子(冒険家)、高見裕一(日本エコロジーネットワーク代表)、東京ランポ(市民運動団体)、並河信乃(行革国民会議事務局長)、長谷川岳(YOSAKOIソーラン祭り組織委員会専務理事)、林冬彦(WEBプランナー)、早瀬昇(大阪ボランティア協会)、姫野雅義(吉野川第十堰住民投票の会代表世話人)、安井潤一郎(早稲田商店会会長)、米本昌平(三菱化学生命科学研究所)、遠藤智子(「DV法を改正しよう全国ネットワーク」事務局)、畠山重篤(牡蠣の森を慕う会代表)、延藤安弘(NPO法人まちの縁側育み隊代表理事)、玉田さとみ(学校法人「明晴学園」理事)、宮脇昭(財)地球環境戦略研究機関国際生態学センター長)、木下豊(編集プロデュース業・一新塾OB)

■福祉

石川治江(ケア・センターやわらぎ代表理事)、竹中ナミ(プロップ・ステーション代表)、中辻直行(ケアセンターながた施設長)、堀田力(さわやか福祉推進センター所長)、大山泰弘(日本理化学工業株式会社会長)、渡邉幸義(アイエスエフネットグループ代表)、伊藤紀幸(一般社団法人ＡＯＨ会長)

■医師

色平哲郎(長野県南佐久郡南相木村診療所長)、香山リカ(精神科医)、なだいなだ(精神科医)、和田秀樹(精神科医)、村上智彦(医療法人財団夕張希望の杜理事長)、大山泰弘(日本理化学工業株式会社会長)、武藤真祐(医療法人社団鉄祐会「祐ホームクリニック」理事長・一新塾OB)

■ジャーナリスト

天野祐吉(コラムニスト)、石川真澄(朝日新聞編集委員)、江川紹子(ジャーナリスト)、金丸弘美(食環境ジャーナリスト)、K.V.ウォルフレン(ジャーナリスト)、神保哲生(ビデオジャーナリスト)、蔦信彦(キャスター、ジャーナリスト)、桜井よしこ(ジャーナリスト)、菅谷明子(ジャーナリスト)、田岡俊次(朝日新聞編集委員)、高野孟(ジャーナリスト)、財部誠一(金融ジャーナリスト)、田中宇(国際ジャーナリスト)、東郷茂彦(ワシントンポスト記者)、政野敦子(ジャーナリスト)、ベンジャミン・フルフォード(ジャーナリスト)、広河隆一(フォトジャーナリスト)、山根一眞(ジャーナリスト)、枝廣淳子(有限会社イーズ代表取締役)、下村満子(ジャーナリスト)、田原総一朗(ジャーナリスト)、横田一(ジャーナリスト・一新塾OB)、福場ひとみ(ジャーナリスト・一新塾OG)

■シンクタンク

植草一秀(野村総合研究所主任エコノミスト)、ウン・チー・ユー(国際高等教育機関 国際開発教育センター 主任研究員)、加藤秀樹(構想日本代表)、小林

慶一郎（経済産業研究所研究員）、紺谷典子（（財）日本証券経済研究所主任研究員）、鈴木崇弘（「シンクタンク日本・2005」代表理事・事務局長）、関沢英彦（博報堂生活総合研究所）、中林美恵子（経済産業研究所研究委員）、西田陽光（構想日本パブリシティ担当ディレクター）、長谷川徳之輔（建設経済研究所理事）、牧野昇（（株）三菱総合研究所取締役相談役）、町田洋次（ソフト化経済センター）、松下和夫（地球環境戦略研究機関）、藻谷浩介（日本政策投資銀行地域企画部調査役）、吉原欽一（アジアフォーラムジャパン）、副島隆彦（副島国家戦略研究所主宰）、青山繁晴（独立総合研究所代表取締役社長・兼・首席研究員）

■コンサルタント
飯久保廣嗣（経営コンサルタント）、辛淑玉（人材育成コンサルタント）、都村ރ生（CMA代表取締役社長）、波頭亮（エコノミスト）、横江公美（Vote.com Japanコンサルタント）、小川政信（インスパーク株式会社代表取締役社長、井上英之（ETIC.シニアコンサルタント）、松江英夫（経営コンサルタント）、阿部等（（株）ライトレール代表取締役社長）、谷口賢吾（BBT総合研究所リサーチャー）、堀之内克彦（エムケーパーソナルセンター代表取締役社長・一新塾OB）、河合拓（GENEXPartners・NPO法人FRI代表）

■大学
浅田彰（京都大学助教授）、跡田直澄（慶應義塾大学教授）、稲増龍夫（法政大学教授）、色川大吉（東京経済大学教授）、宇井純（沖縄大学教授）、上野千鶴子（東京大学教授）、上山信一（慶応義塾大学教授）、絵所秀樹（法政大学教授）、奥村宏（中央大学教授）、小倉紀蔵（東海大学教授）、苅谷剛彦（東京大学大学院教育学研究科教授）、姜尚中（東京大学教授）、加藤尚武（京都大学教授）、草野厚（慶應義塾大学教授）、公文俊平（国際大学学長）、グレゴリー・クラーク（多摩大学学長）、国領二郎（慶應義塾大学助教授）、斎藤精一郎（立教大学教授）、志方俊之（帝京大学教授）、曽根泰教（慶應義塾大学教授）、竹中平蔵（慶應義塾大学教授）、田中明彦（東京大学助教授）、霍見芳浩（ニューヨーク市立大学教授）、中沢新一（中央大学教授）、中条潮（慶應義塾大学教授）、中谷巌（一橋大学商学部教授）、成田憲彦（駿河台大学教授）、西尾幹二（電気通信大学教授）、西垣通（東京大学教授）、浜野保樹（放送教育開発センター助教授）、原科幸彦（東京工業大学教授）、久恒啓一（宮城大学事業構想学部教授）、福井秀夫（政策研究大学院大学教授）、藤田忠（国際基督教大学教授）、宮台真司（社会学者）、村井純（慶應義塾大学助教授）、最上敏樹（国際基督教大学教授）、山口二郎（北海道大学教授）、山田昌弘（東京学芸大学教授）、寄本勝美（早稲田大学教授）、和田春樹（東京大学教授）、宮脇淳（北海道公共政策大学院教授）

■国際
明石康（元国連事務次長）、伊勢崎賢治（立教大学大学院教授）、大西たまき（インディアナ大学フィランソロピー・センター）、金美齢（台湾総統府国策顧問）、グレン・フクシマ（在日米国商工会議所副会頭、グンター・パウリ（国連大学学長期）、ピーター・タスカ（ストラテジスト）、前田哲男（軍事評論家）、M・ウィーヴァーズ（在日ニュージーランド大使）

■作家
井沢元彦（作家）、石川好（作家）、猪瀬直樹（ノンフィクション作家）、広瀬隆（ノンフィクション作家）、松岡正剛（エディトリアル・ディレクター）

■プロデューサー
テリー伊藤（TVプロデューサー）、平野暁臣（空間メディアプロデューサー）、宮本倫明（イベントプロデューサー）

■アート
喜納昌吉（ミュージシャン）、ジャン・ユンカーマン（映画監督）、高城剛（ハイパーメディアクリエーター）、龍村仁（映画監督）、浜美枝（女優）、平田オリザ（劇作家・演出家）、横尾忠則（美術家）、野田香里（映画監督・執筆業・一新塾OG）

■社会人教育
赤池誠章（都市生活工房事務所）、伊藤真（法学館伊藤塾塾長）、大谷由里子（（有）志縁塾代表）、杉村太郎（我究館館長）、東儒孝（ディベート技術研究所）、本間正人（学習学協会代表理事）、森弘達（昭和第八高校教諭・一新塾OB）

■一新塾OB・OG講師
（上記カテゴリー以外）
八田茂（Jリーグキャリアサポートセンターリーダー）、平田真幸（独立行政法人国際観光振興機構（JNTO）上海観光宣伝事務所長）、若林計志（（株）ビジネス・ブレークスルー MBAプログラムマネージャー）、栢工裕史（元倉敷市政策審議監）、小泉奉介（（社）コミュニティ・ネットワーク協会事務局長）、笹本貴之（笹本環境オフィス株式会社代表・一新塾OB）、佐藤秀雄（スタイリッシュグループ代表・一新塾OB）

■卒塾生アドバイザー
坂田静子（金融機関役員）、渡辺雅則（公園芝生化プロジェクト代表）、石川美雅（株式会社イステムジャパン会長）、堀田卓（Culture Generation Japan代表取締役）、重光喬之（NPO法人両育わーるど代表）、河内智之（NPO法人未来をつかむスタディーズ代表理事）、宿野部武史（株式会社ペイシェントフッド代表）、星野麻実（キッズバレイの代表理事）、本多慶吉（NPO法人生き活き元気塾代表理事）、木暮裕（生きがい訪問診療所院長）、木角周作（たびえもん代表）、笹渕恭子（コミュニティ キッチンいぬら郷代表）、藤本好彦（南アルプス市議）、渡部淳（夢の丼丸茅場町店オーナー）、玉井久男（流通コンサルタント）、天野太雅（コミュニティカフェ・ガーデン代表）

■一新塾創設者・理事
大前研一（一新塾創設者）、青山真一（一新塾代表理事・環境総合研究所長・東京都市大学教授）、片岡勝（一新塾代表理事・市民バンク代表）、前澤哲爾（一新塾理事・全国FC連絡協議会専務理事・山梨県立大学教授・一新塾OB）、加部隆史（一新塾理事・NPO安全工学研究所代表理事・一新塾OB）、石田健一（一新塾理事・東京大学海洋研究所・一新塾OB）、林冬彦（一新塾理事・WEBプランナー）、菊地真紀子（一新塾理事・合同会社VALN代表社員）、森嶋伸夫（一新塾代表理事・事務局長）

58

一新塾の卒塾生

・

すべての人は志を生きられる

1 まちづくり ①

グッドモーニング仙川！プロジェクト
～誰もが自分の街のキャスト（出演者）になれるまち

児島秀樹 (こじま・ひでき)

グッドモーニング仙川！プロジェクト代表
会社員
一新塾 34 期東京本科

●プロフィール
1972 年生まれ、静岡県出身／建設会社の会社員（一級建築士）／結婚し、家族 4 人／調布市仙川町にマイホームを購入／ 2014 年に一新塾に入塾。一人で街のゴミ拾いをスタート／一新塾の仲間と「グッドモーニング仙川」プロジェクトを立ち上げ／「クリーンアップ仙川」「せんがわ緑化部」「仙川みつばちプロジェクト」と活動を展開。

市民を生きる知恵

継続は力なり

　児島さんは多忙なビジネスマン。仙川町にマイホームを購入したにも関わらず家と会社の往復だけで、地域とのつながりが持てません。上京してから、地域に仲間はずっといませんでした。入塾後、ある出来事をきっかけに一大奮起して、毎朝5時半からゴミ拾いを始めることになりました。一人からのスタートでしたが、毎日欠かさず続けることで、地域の方々が声をかけてくれて一緒にゴミを拾ってくれるようになりました。毎日継続することは簡単なことではありませんが、それによって、もたらされる可能性は予想を超えていたと思います。地域に友人が出来、地域の問題解決の一翼を担うことで、児島さん自身の人生が変わっていくことになりました。「小さいことを重ねることが、とんでもないところに行くただひとつの道」というイチロー選手の言葉を思い出しました。（森嶋）

第３章■すべての人は志を生きられる

地方出身者は東京に居場所がない

　受験戦争の中で、より偏差値の高い高校、大学に進学することが子どもの役割だと信じ、大学進学とともに上京、就職、結婚、マイホーム購入と人生の階段を駆け上がってきました。

　しかし会社員として毎日の仕事と家庭の往復の繰り返し、このままの生活でよいのかと疑問を感じるようになりました。気に入って住み始めた調布の仙川という街ですが、10年経っても街のことを何も知らないことに気付きました。街には友達もいません。

　これまで仕事や会社のことばかり考えてきたし、週末は別の街に遊びに出かける日々を続けてきたので当然の結果だったのです。

転換のきっかけ

　2012（平成24）年6月24日 仙川の街に大量の雹（ひょう）が降り積り、街はパニックになりました。これは大変だと思い、街の人たちと一緒になって無心で雹をかき出しました。このとき自分の街を守っているという充実感を覚えました。

　ふと街を見渡すと、駅前や公園にゴミが沢山落ちていることに気付きました。誰が掃除をしているのかと思いましたが、誰もしている様子はありません。ならば、自分がやろうと決心します。それから1年間、一新塾を卒塾するまで毎朝続けました。出社前の朝5時半から30分間です。これだけでも駅前は見違えるようにキレイになりました。このときに、いかに自分たちが街のことを他人任せにしていて無関心だったかということにも気付きました。誰かがやってくれると思っていても、誰もやらないのが現実です。ならば自分から動かなければ何も変わりません。同じマンションの住民にも声を掛け、日々のことをブログで発信すると一緒にやってくれるメンバーも少しずつ増えてきました。一新塾のチーム

児島秀樹さん・仙川駅前、一新塾の仲間とゴミ拾い

メンバーも週末に始発で仙川まで駆けつけてくれたお陰で、挫けそうな気持ちを何度も立て直すことができました。冬の朝は暗いし寒かったです。それでも何かが変わると信じて無心でやり続けました。そして、いつからか「この街で毎朝やっているのは自分だけ」と気付きました。少し自信がつきました。自分が変わる気がしました。

新しい自分との出会い

今でも、相変わらず街にゴミはたくさん落ちています。でも、あきらかに何かが変わりました。知り合いが増え、自分の居場所ができたような気がします。何よりも自分が自信を持ち、街に出ることができるようになりました。今は、仙川は自分の街だと胸を張って言えます。

厳しい父親に怒られないように振る舞い、常に失敗を恐れ続けた40年間。自己表現できない妥協の連続の中で、自分の存在意義さえ見失いそうになっていた自分が、誰からも頼まれていないゴミ拾いを続けることで、自分の居場所を見つけ、自分を変えることができたのです。

ゴミ拾いから緑化へ

ゴミを拾っていると、街のことがよく見えるようになりました。そして、この街には花が少ないことに気付きます。住み始めたときにはたくさんあった雑木林もどんどんマンションに変わり、街は殺伐としてきま

した。

ここで「もっと花や緑をこの街に増やしていこう」と決心しました。といっても、花の知識はありません。チームメンバーがガーデン・アドバイザーの友人を協力者として紹介してくれたお陰で、花の寄せ植えワークショップ・イベントを3回開催し、その参加者と駅前や公園の花壇に花を植えることができました。これを継続するためには「街のガーデナー」を増やしていくことが必要と考え、自らも花の勉強を開始し、ガーデナー養成のためのイベントも開催していきます。

そして「みつばちプロジェクト」

花を植えて楽しむだけではもったいないなと思っていたとき、花に集まるみつばちからハチミツが採れることを思い出しました。仙川で採れた天然ハチミツを地域の人たちと食べることができたら、どんなに楽しいだろうと思いました。一新塾の仲間から養蜂家を紹介してもらう一方で、ミツバチの巣箱を置く場所を探します。最終的には、自宅マンションのゴミ置場倉庫屋

児島秀樹さん「みつばちの学校」(授業中)」

上で計画。私の2年に渡る活動に理解をいただき、管理組合の正式な承認を経て平成28年4月「仙川みつばちプロジェクト」がスタートしました。1年目は試行錯誤しながらも約10kg採れましたが、全ては協力してくれたマンション住民や近隣住民、ゴミ拾いイベントに参加してくれた

子どもたちに配りました。調布市からの助成金などもいただくことで、少しずつ地域の認知度を高めていきました。

平成28年4月からは毎月のイベント開催をスタート。「街のクリーンアップ」「駅前や公園の緑化」「みつばちプロジェクト」の3つのイベントを織り交ぜて開催し、毎回30名程度の地域の方に参加していただくことができました。

花壇に植え付け

誰もが自分の街のキャスト（出演者）になれるまち

たかがゴミ拾い、されどゴミ拾い。簡単なことだからこそ、少し勇気を出してやってみれば、誰でも街のキャストになれる。それまで受け身だった自分の人生が、主体的に動くことで変わっていくことに気付きました。地方出身者は自分の街に出番がないのではなく、そもそも出番は自分で創り出すものです。

同志の中で自分をさらけ出す安心感

最初は、明確な目標もなく、何か自分の人生を変えたいという気持ちだけで入塾しました。でも、価値観を共有できる同志の中で自分をさらけ出す安心感が何とも言えず心地よく、何ものにも代えがたい時間でした。本当の自分を取り戻すための気づきを与え続けてくれた一新塾には本当に感謝しています。

今後の活動

活動の原点である毎朝のゴミ拾いは、ずっと続けていきます。その上で、3つの活動をやっていきます。「クリーンアップ仙川！（ゴミ拾いイ

ベント)」「せんがわ緑化部」「仙川みつばちプロジェクト」、この3つの活動が有機的につながり、相乗効果を生むような循環を創っていきます。「みつばちプロジェクト」では、はちみつを使用したワークショップなどを行っていますが、地元のはちみつを使うということで、行政や商店街からも声が掛かるようになりました。

　また、みつばちプロジェクト参加者の持込企画から「種まく映画部」という新たな活動も生まれました。環境、食、教育などをテーマにした映画を地域で自主上映しながら街の暮らしを見直し行動していこうというイベントです。平成29年4月より開始しました。人と人の繋がりを育む場を通して、街に色々な種を蒔いていきたいと思います。

　約3年間の活動を通して「誰もが街のキャストになれるまち」を創るためには、この半径500mの活動だけではなく、調布市全体との連携も必要になってきているということを感じています。近い将来に「グッドモーニング仙川！　プロジェクト」は「グッドモーニング調布！　プロジェクト」として調布市全体を巻き込んだ活動にしていきたいと考えています。実は、調布市は昔、多くの映画撮影所があったことから映画の街と呼ばれています。つまり「映画のまち調布のキャスト（出演者）になろう！」ということです。

児島秀樹さん・マンションのごみ置き場の屋上にみつばち巣箱

　「誰もが街のキャスト（出演者）になれるまち、調布！」を創っていきたいと思います。

1 まちづくり ②

市民・企業・行政が本音で協働できる情報プラットホーム「渋谷のラジオ」

佐藤 勝 (さとう・まさる)

「渋谷のラジオ」ファウンダー・チーフプロデューサー
「渋谷みつばちプロジェクト」代表
一新塾 36 期 東京本科

●プロフィール
1962 年 東京生まれ／ 1980 年陸上自衛隊 3 年間勤務／ 1998 年不動産会社設立／ ㈱ツインズプランニング）ヒートアイランド改善に向けて／ 2006 年 NPO 渋谷さくら育樹の会設立（理事）／ 2011 年渋谷みつばちプロジェクト開始（代表）／ 2015 年一新塾に入塾（第 36 期）／ 2016 年 渋谷のラジオ設立・本放送開始（パーソナリティ）。

市民を生きる知恵

孫たちの世代のために

佐藤勝さんは6人の孫がいます。渋谷で不動産業を営む中、10年以上前からヒートアイランド問題に向き合い、孫たちの世代に申し訳ないと「NPO渋谷さくら育樹の会」や「渋谷みつばち プロジェクト」の活動をはじめました。そんな中、問題が大きすぎて、試行錯誤しているときに、一新塾に入塾。多様な価値観の仲間と出会い、学び合う中で、「自分が孤軍奮闘で、全てやるのではなく市民・企業・行政の力を合わせられる仕組みづくりをしてゆこう」とミッションが定まったそうです。そして「渋谷のラジオ」を設立し、2016年4月に本放送開始。ファウンダー・チーフプロデューサーとして、また、パーソナリティとして、渋谷のラジオを通じて、まちづくりの多様なプレイヤーを続々と育てています。ヒートアイランド改善に向けて、何より「孫たちの世代のために」思いを込めて。（森嶋）

真夏のピークに開幕する「東京オリンピック」

現在、地球の人口が70億人を超え、その半数が都市に住む自然を犠牲にする、行き過ぎた経済優先社会による地球温暖化が深刻な世界的課題となっています。昔は「自然＞人間＞経済」でしたが、今は「自然＜人間＜経済」です。そして、東京一極集中のヒートアイランドも深刻です。2020年7月24日、真夏のピークに開幕する「東京オリンピック」は大丈夫でしょうか？　万一、トップ選手が熱中症で死亡したら、世界のトップニュースとなり「お・も・て・な・し」どころでなく世界中に「東京は熱くて不快な所」だと国の重大なリスクとなります。

これから、先進都市の東京が立ち向かわなければならない問題は、ヒートアイランド、地球温暖化問題の改善だと思います。日本や世界に「負の遺産を残してはいけない！」と思われる日本人、世界の人と共に生活文化を発信する渋谷から、つながって力を合わせて広げていくことが出来たら！　そんな思いでチャレンジしています。

渋谷で不動産業を営む

私は1962（昭和32）年東京で生まれました。前東京オリンピック後の経済成長時代に育ち、社会人になってからは渋谷で不動産業を営み、現在、妻子6人、孫6人と渋谷で楽しく暮らしています。不動産業を営む中、40歳を過ぎた頃、10年以上前に空調機が効かないクレームが増え、ヒートアイランド問題に気付きました。そして、育てていただいた渋谷の街にご恩返しをしたいと思いました。また、孫が産まれ、このままでは孫たちの世代に申し訳ないと思いました。

空調機のクレームをきっかけに、ヒートアイランド改善のために、渋谷の桜丘町の桜並木を守り広めるための活動、2006年に「NPO法人渋谷さくら育樹の会」を立ち上げました。

渋谷みつばちプロジェクト

渋谷みつばちプロジェクトの現場は、渋谷駅そばのビルの屋上。子どもたちも興味津々。

　さらに、銀座のビルで養蜂を行っている「銀座ミツバチプロジェクト」の存在を知り、これを渋谷でもやってみたいと思い、「渋谷みつばちプロジェクト」を開始。ビルの屋上をお借りして、そこにミツバチの巣箱を置いて、2011年3月8日からスタートしました。（ちなみに、3月8日は「みつばちの日」であり、渋谷駅前の忠犬ハチ公の命日）賛同者を増やして、都会の緑化活動も促進させ、ヒートアイランドの対策につなげることを目指しました。

　賛同者は着々と増え、採れたハチミツは、「渋谷のはちみつ」として、渋谷駅前の「ヒカリエ」で販売。このように、桜を守り広める活動やミツバチを通じたヒートアイランド改善を目指した活動をしてきたものの、問題はとても大きく改善の道が見えず、一人で抱えて、どうしてよいか分からず、もがいていました。

自分一人で考えていたら到底成し得ないプロジェクト

　そんなときに、一新塾と出合いました。講義では、現場で志を持って活動されている講師の方々のお話を間近に直接聴けて、なおかつ、質疑応答が出来、多くの気付きがありました。森嶋さんの講義に基づき「6つの箱」で自分の本当に大切なミッションがまとまりました。塾生の同志と共に学び、実践しながら「6つの箱」をぐるぐる回し続けると、自分一人で考えていたら到底成し得ないプロジェクトが出来ました。

「渋谷のラジオ」でヒートアイランド改善！

　まちづくり活動の放送を通じて、前「SHIBUYA-FM」と知り合うも、経営難により2013年7月に閉局。渋谷にコミュニティーFMを再生させる会の発起人となり、渋谷区長、渋谷区商店会連合会長、箭内道彦氏、福山雅治氏、谷村新司氏らの協力を得て、2016年4月1日「渋谷のラジオ」の本放送を開始。ファウンダー・チーフプロデューサーとして活動中です。

　「渋谷のラジオ」を通じて、社会貢献するビジネスの活動をしている人の番組やイベントスペースを運営し、コミュニティーの輪を広げます。同時に、2020年7月24日東京オリンピック開会式までに、市民・企業・行政の力を合わせて東京のヒートアイランドを数値的に「見える化」し、改善の成功モデルを創り、地球温暖化防止に役立ててもらえるよう世界に発信します。そして、環境や健康や教育に良い、楽しいライフスタルを発信することにより、子や孫の代にもステキな街、ステキな地球を残してあげることが私のミッションです。

パーソナリティの佐藤さん、塾生の香内さん。森嶋もゲスト出演。

本音で協働できる「情報プラットホーム」

「渋谷のラジオ」では、本音のローカルコミュニティーを創ることに挑戦しています。渋谷にコミュニティーＦＭを再生させる会のメンバーの他に、指原莉乃さん、立川談春さんなど多くの著名人も参加しています。また、渋谷区長、渋谷警察、渋谷消防署、渋谷区商店会連合会、町会などとも連携。著名人だけでなくボランティアスタッフも700名以上登録いただきました。

2016年4月1日、本放送開始後、月に約500人が出演している参加型の「渋谷のラジオ」で、社会に貢献するビジネスを応援する番組を創ります。さらに、渋谷の事務所・店舗を借り上げて、イベント開催が出来る場所を創り、連携してSNSでチャレンジャー募集や成功モデルの発信をどんどんして、コミュニティーの輪を広げていきます。目指しているのは、市民・企業・行政の人々が建前論でなく、新しい時代の本当の幸せをみんなで考え、本音で協働できる「情報プラットホーム」です。

楽しくヒートアイランド改善

「渋谷のラジオ」の番組で「楽しくヒートアイランド改善！」もやっていきます。渋谷のビル屋上未利用地を活用するビジネスモデル「太陽光発電＋蓄電」によって、建物を冷やすヒートアイランド改善や、震災時のライフライン確保や、売電経済メリットにつなげていきます。また、環境や防災に良いライフスタイルを発信します。

さらに、気温をICTで「見える化」し、ネットで共有し、改善目標を設定し全員参加を促します。明治神宮から渋谷川の水と緑のネットワークに生きものの道を創って、環境活動を地元小学生と楽しくコラボする計画もあります。「生きもののネットワーク」の大切さを提言し、日本でしか出来ない世界に誇れる環境先進都市創りに貢献します。

第3章■すべての人は志を生きられる

進むべき道が見えて来た

　実際に講師の方や塾生の方とプロジェクトのコラボする機会も多く頂きました。渋谷のラジオのパーソナリティを引き受けてくれた塾生の香内真理子さん、松田亜由美さん。渋谷のラジオの番組に森嶋さんはじめ、多数の一新塾の同志にも出演いただき、今後も益々多くの同志に出演頂けることを楽しみにしています。

　「ミッション、パッション、アクション」「ピンチはチャンス」など大切な言葉も学ぶ事が出来て、私のモヤモヤしていた暗いトンネルの先にうっすらと灯りが見えて、進むべき道が見えてきました。

　これからも主体的市民として、市民・企業・行政の力を合わせられる仕組みづくりを一歩ずつ前進して、孫たちの世代のために、この国を、この世界を、よくしていくために頑張ります。

パーソナリティの佐藤さん、塾生の松田さん（右から2番目）

※「渋谷のラジオ」https://shiburadi.com/

1 まちづくり ③

「るーぷる仙台」に手を振ろう
～受容する街をめざして

菊池信恵 (きくち・のぶえ)

ペットシッター・ペットホテル「ニャンワンクラブ」代表
一新塾 33・35 期仙台地域科

●プロフィール
仙台市青葉区にて平成元年よりペットシッター開業／その後、ペットホテル・ペット移送・老犬老猫ホーム等を経営しつつ地域活動やペット飼養啓蒙のボランティア活動などを行っている／2013年一新塾に入塾し「るーぷる仙台」に手を振る活動スタート、塾生と一緒に活動の輪を広げる。

市民を生きる知恵

手を振るささやかな勇気で、人生は変わる

　菊池さんのプロジェクトは、仙台市内中心部の観光スポットを巡るバス「るーぷる仙台」に、一人で手を振ることから始まりました。

　菊池さんが手を振る理由は、ご自身の人生の中にあります。ご両親が函館から仙台に移り住んでの苦労話から「仙台はつらいところ」と刷り込まれてしまったそうです。そんな菊池さんが、なぜ、仙台に来た観光客に手を振り始めたのか。その本当の理由に徐々に気づかれていきました。

　菊池さんの思いに共感し、一緒に「るーぷる仙台」に手を振る仲間の輪が広がってきています。私も一度、一新塾の仲間と一緒に参加させていただき手を振りましたが、見知らぬ土地へ引っ越したときの子ども時代を思い出しました。個々に手を振る対象は違います。それぞれのかけがえのない人生の歩みとつながっているからです。そして、手を振るささやかな勇気があれば、人生を変えてしまうこともあるのです。（森嶋）

心に残る財産を

　仙台市内の観光施設を循環して走る観光バス「るーぷる仙台」。私のビジョンは「るーぷる仙台」を見かけた仙台市民がこぞって手を振り、仙台にいらした観光客を笑顔で歓迎することです。

　手を振る私たち市民に気がついた乗客の方も手を振りかえし、一瞬の交流を楽しむ。そのような光景が仙台の街にあふれたら、それはお金のかからない観光事業であると同時に、心に残る財産になると思うからです。

だれもが不安や悩みを抱えながら生きている

　私たちや、これからを担う若い人たちは、とても厳しい社会状況に置かれています。仕事や家族、人間関係、格差、年金、教育、老後、いじめなど。皆「私を認めて！」「私を愛して！」と声なき声を発しながら生きているのではないでしょうか。一人ひとりの胸の中に問題や不安を抱えつつも、時に人は旅をし、日常を忘れ、また日常へ戻っていきます。「るーぷる仙台」は雨の日も、雪の日も、元旦も、休みなく観光客を乗せ、仙台の街を巡り走っています。

　家の前を走る「るーぷる仙台」を日々見ていると、私は乗客もそのバスとすれ違う私たちも同じように「何かを抱えながら生きている、走っている」ように見えるのです。

手を振るというささやかな勇気があれば

　行き交うバスや、見知らぬ乗客に手を振るなんて、馬鹿げたことかもしれません。誰もそんなことをしていませんし、それに「手を振ろう！」と言ったって、結構勇気のいることです。

　でも、例えば九州新幹線の開業時のコマーシャルで、沿線の人々が手を振る映像に感動して胸を熱くした人も多いのではないでしょうか。

ちょっとした勇気、ちょっとした動機、ちょっとした道具、ちょっとした集まり、ちょっとした経験があれば、何かが大きく変わるかもしれないと思うのです。

仙台は嫌いだった

　私の両親は戦後間もなく、北海道の函館から仙台に移り住みました。戦後の混乱期、親戚知人のいない仙台に来てすぐ長姉が重い病気になり、母は病院で泊まり込んで付き添い、父は会社を辞めて家に残った次姉の面倒を見ながら商売を始めました。金銭的にも精神的にもとても苦労したそうです。

るーぷる仙台に手を振る

　私はそのような家族の苦労を知らず生まれ育ったのですが、両親の思い出話といったら、戦前の華やかな国際都市函館での裕福な暮らしと、対照的に仙台に来てからの苦労話だったものですから、私のなかで「仙台はつらいところ」と刷り込まれてしまいました。両親は晩年多くの知人友人に恵まれ、仙台で和やかに生涯を終えたのですが、私自身は長年この刷り込みを消すことができませんでした。うまくいかないことがあるたび、人間関係でつまずくたび、「仙台」のせいにして逃げていました。一方で、私は子供の頃より、家の前を走る市電やバスに、なぜかよく手を振っていました。

1979年に初めての海外旅行でサンフランシスコを訪れた際、ケーブルカーに乗った私は嬉しくて、街の人たちに手を振りました。すると大勢のサンフランシスコの人々が手を振り返してくれました。私は感激して手を振り続け、必ずやサンフランシスコを再訪すると誓ったのです。その旅行をきっかけに、私は旅に出かけるとその街の乗り物に乗っては手を振るのが楽しみになり、旅の目的の一つになったのです。

　2008年に29年振りにサンフランシスコへの再訪が実現し、再びケーブルカー乗り、行き交う人に手を振ると、29年前と同じように、たくさんのサンフランシスコの人々が私に手を振り返してくれました。私は嬉しくて胸が熱くなりました。

60歳でも人は変わることができる

　ひょんなことから一新塾を知り、入塾しました。人と交わるのは苦手だし、組織も嫌いな一匹狼のような性格ですから、他人と行動を共にするなどできませんし、したこともありません。ですが、1回だけ体験ワークショップを覗いてみようと思ったのです。そこではいろいろな年代の方々が、さまざまな志を内に秘めつつ、問題を自分たちで解決しようとする姿に感じるものがあり、「1年だけこの人たちをそばで応援しよう」と思ったのが、入塾の動機でした。

　入塾して、真剣に「6つの箱」に取り組むうちに、私は「子供の頃からの生きにくい疎外感が、『るーぷる仙台』に手を振らせていたのではないか」と自分の心の奥底に気がついたのです。そして私は「るーぷる仙台」に向かって手を振るのも「私自身に手を振っているのだ」「私を受け入れて！」と手を振っているのだと思い至るようになりました。

　それに気がついて以来、自分自身を許すことができ、心の角がちょっとだけ丸くなったように感じました。そして「仙台が好き！」「仙台の良さを知ってもらいたい」「何度でも仙台に来てもらえるように、私も

何かをしたい」と考えるようになりました。60歳でようやく自分に気づき、変わることができたのです。

手を振り合うことは受容すること

東日本大震災では、青葉城に上る坂道の石垣が無残に崩れ、4年近く復旧にかかりましたが、現在は震災前と同じコースを「るーぷる仙台」は毎日元気に登っています。平日は20分間隔、土日祭日は15分間隔で運行されていますので、仙台市内で見かける機会も多くなりました。

皆さんお手製の「ようこそ仙台に！」と描かれた紙や団扇を掲げると、辺りに笑顔が溢れます。

わが家は「るーぷる仙台」のコース沿いにありますので、手製の「ようこそ仙台に！」と描いた団扇を郵便受けに入れ、「るーぷる仙台」を見かけるたびに取り出しては手を振っています。すると乗客の方々も手を振り返し、一瞬の笑顔の交流が楽しめます。最近は運転手さんも手を振り返してくれますし、車内アナウンスで「手を振っている人がいますよ」と流してくれるようで、バスの窓々から乗客の皆さんが一斉に手を振ってくれるという、嬉しい驚きもあります。

時々、美しい欅並木で有名な定禅寺通りのメディアテーク前に仲間たちが集まり、皆で手を振っています。皆さんお手製の「ようこそ仙台に！」と描かれた紙や団扇を掲げると、乗客の方々もすぐに気がつき、辺りに笑顔が溢れます。「るーぷる仙台」の車内と私たちが和やかにつながります。参加した仲間たちから「子供の頃に戻ったように楽しい」「手を振り返してもらえると、しみじみと嬉しい気持ちになるものだな〜」との感想がありました。この「しみじみとした喜び」こそ、見知らぬ者同士が一瞬でお互いを認め合う「受容の体験」ではないでしょうか。

一人ひとりに手を振る対象がある

　一新塾の現場視察会では、皆で「ようこそ仙台に！」と描いたTシャツを着て手を振りました。すると観光客の皆さんからも声をかけてもらい、観光客も町の人と仲良くなるきっかけを欲しているのだとの気づました。観光客が町の人々との交流を経験すると、その街の印象は強く残り、また訪れたい街、何度も来たい街となるのではないでしょうか。まさにサンフランシスコで私が体験したことです。

　仙台にいらした皆さんが手を振り合う楽しさを地元に持ち帰り、地元で手を振る対象を探し出し、手を振

雨の日も、傘をさして手を振る

る。そうして日本の各地で手を振り合うことが広がれば、日本も面白くなるのではないかと夢想します。その土地に、その人に、きっと手を振る対象があるのではないでしょうか。

受容を観光資源に！

　仙台にいらしたら、ぜひ「るーぷる仙台」に乗って、100万都市の街中を悠然と流れる広瀬川に架かる六つの橋を渡りつつ、巡ってみてください。

　この素晴らしい仙台に、つらい気持ちを抱えている人こそ来てほしい、そして「るーぷる仙台」に乗ってください！と自信を持って伝えられるようになりたいというのが、今の私の目標です。「私たちが手を振って迎えるから！」という、「受容」を観光のウリに、街の特徴に掲げる日が来るようにと願っています。

1 まちづくり ④

地元、阿蘇の「阿蘇らしさ」を
後世に残すために

早野慎哉 (はやの・しんや)

「旅宿 コットンクラブ」ペンション経営
一新塾27期東京本科

●プロフィール
5歳の時、福岡から高森町へ両親と移住／高校卒業後に東京へ／大学～就職で10年間東京で暮らす／一新塾入塾／29歳の時に高森町に戻る／2012年、地元の酒蔵の酒粕を使った料理イベント「酒粕さんぽ」スタート／2014年高森町をPRする酒粕ガールズをプロデュース／小・中学校での「民話の読み聞かせ」、自然の中を歩く「こびととおさんぽ」。

市民を生きる知恵

両親の思いを受け取る

　南阿蘇の根子岳を背にそびえる小学校の校舎の景色。「息子をこの小学校に通わせたい！」早野さんのご両親は、この思いを何よりも優先して、福岡の住宅街から移り住み、仕事はそれから考え、ペンションを始めることにしたそうです。しかし、学生時代の早野さんは親の期待とは違っていたかもしれません。便利の少ない阿蘇より、便利な東京への憧れ。大学進学をきっかけに上京。阿蘇の魅力に目覚めるまでには、東京での10年の年月が必要でした。

　一新塾で阿蘇のまちづくりのプロジェクトを立ち上げ、仲間と一緒に東京と阿蘇を行き来し、根っこを掘り下げて自分の思いを確かめていかれました。卒塾後、会社を辞めて、阿蘇に戻る決意をされた早野さん。両親の思いを受け取った証のように思えました。

　2016年の熊本地震、直後に阿蘇を訪問いたしましたが、地域のリーダーとして大きな使命を担っている早野さんがいました。（森嶋）

私は会社を退職して実家のある阿蘇に戻り、現在は「地域資源×こども」の視点から地域活性化の活動を行っています。実家に戻って五年目、隔月で開催している親子で草原や森の中を歩くおさんぽ会「こびととおさんぽ」が五周年を迎えました。

昨年は、熊本地震により大変な状況が続きましたが、そんな中で「これまでの考え方ではいけない！」との気付きがあり、活動における視野を広げることができました。

阿蘇と東京

私のこれまでを話す時は、いつも両親の話から始めます。

両親は1986年に脱サラし、福岡県から熊本県の阿蘇に移りペンションを始めました。当時4歳だった私は、なぜ旅行者がこんな何もない田舎にわざわざ来るのか分かりませんでした。母は「私は自然豊かな場所であなたを育てたいと思って来たのよ」と言っていました。私の生活環境は変わり、常に阿蘇の山々に囲まれ、1時間歩いて木造の小学校に通い、帰りはランドセルを道端に置いて山で木登りや草原で虫や小動物を追いかけたりして遊ぶようになりました。

時は過ぎ、私は大学進学をきっかけに上京し、大学卒業後は建築関係の仕事に就き、その後30歳の時に仕事を辞めて阿蘇に戻るまで、約10年間東京で生活しました。

東京の生活は一言で言うと、「便利」だと思います。コンビニまで車で10分、歩いて1時間かかる阿蘇の田舎で生活していた私にとって、東京のビルや店が立ち並ぶ風景は憧れでした。本やCD、服など、お金さえあればなんでも手に入る生活は充実しており、いつしか身の周りに物があることに慣れ、便利な生活にどっぷり浸かっていました。

両親に感謝

そんな生活を反省する行事が、お盆と正月に実家に帰る時です。帰っ

たときに感じる緑の多さ、澄んだ空気、山の香りは、懐かしさもあり妙に安心したのを覚えています。

都会の生活を経験するほど、少しずつ「便利」の少ない地元のことが好きになり、自分の感性や価値観を育ててくれた阿蘇の自然や温かい地元の人々、そして阿蘇に連れてきてくれた両親に感謝するようになりました。

阿蘇に戻る

阿蘇に戻ることに決めた理由は、地元に活気が無くなったからです。近所のスーパーでは、お年寄りばかり。地元の友達は、多くが熊本市内の会社に就職し、市内に住んでいます。

阿蘇を代表する景観の草原は、地元農家の方々の営

早野さんのペンションで

みによって千年以上前から保たれ、続けていることを知った時は、誇りよりもまず焦りを感じました。千年以上続く阿蘇の草原文化は、若者が地元から離れて行っていることで、維持できなくなるかも知れない。そう思うと居ても立ってもいられず、戻る事を決意しました。

両親はそんな私たち夫婦を優しく迎えてくれました。ペンションの食事部門を譲ってくれ、両親が経営する宿泊部門と連携して営んでいます。その仕事の合間を縫って活動を行っています。

阿蘇の高森町での活動

私が住む高森町の人口は約6500人。平均年齢は53歳です。阿蘇に戻る

第3章■すべての人は志を生きられる

と一新塾でプロジェクトを検討した内容を、早速地元に残る友人を巻き込んで次々と実行しました。「あか牛BBQ」「阿蘇ローカルガイド」「山菜ツアー」「わらカフェ」「こびととおさんぽ」「ICT昔話読み聞かせ」「さけかすさんぽ」など。

現在は、「地域資源×こども」の視点で行う活動に力を入れています。今年2歳になる私の子どもの将来と阿蘇の未来を考えるようになったからです。

たこつぼ

地元に活気が無くなったのは、人同士のつながりが減っているからです。地域で助け合う精神や、近所付き合いも疎遠になっています。原因の一つは、田舎にも「便利」が浸透してきたことかもしれません。

子どもを持つ友人の休日の過ごし方の一つは「郊外のショッピングモールに車で行き、買い物や外食をする」ことです。地域の大人のつながりが減っていった結果、子どもたちも地域とのつながりや地域資源に触れることなく育っているように感じています。

こうした根本原因は、地域のことについては「他人事」という雰囲気に包まれているからのように思います。誰かのために、地域のために、自分の少しの時間や手間を費やすといった以前はあった考えが、現在の地元には少ないことにがっかりしました。。

しかし、それを反面教師に「自分だけはそうなるまい」との思い込みが過ぎて、「他人事」の雰囲気に包まれた周囲のことを信じられなくなってしまいました。自分がなんとかしなければいけないと、「こびととおさんぽ」では自分がアイデアを出して、細かく指示をし、リーダーとして引っ張っていかないと活動が成り立たないと「自分中心」で考えてしまっていました。

そんな「たこつぼ」にはまっていることを気付かせてくれたのは、昨

81

年の熊本地震です。

転換点

　地震後しばらく「こびととおさんぽ」を開催しなかった期間があります。地震の揺れの被害は大きくありませんでしたが、その後の大雨により地盤がゆるんだ敷地内の斜面が土砂崩れをおこし、食事棟の一部が少し傾いてしまい、営業が出来なくなってしまいました。建物の安全性の確認や再建がいつになるか分からず、このまま家族を養っていけるか不安で「こびととおさんぽ」を開催する気力が湧いて来ず、「早く活動を開始しないと、自分がしっかりしないと。でも生活を安定しなければ」と悩む日々が続きました。

食事棟の兎野六歩で活動を語る

　地震前の4月上旬に開催したので、次は6月上旬に開催する予定だったのですが、「安全が確保されていないから」というもっともらしい理由を付けて逃げていました。それまでの私は、「私が動き出さないと何も始まらない」「私がみんなを引っ張らなきゃ」と全て背負い込んでいました。しかし、逆にそれが重しになり動けないでいたのです。

　しかし、夏直前、今まで共に「こびととおさんぽ」を開催してきた仲間が「地震後、安全のために子どもたちは外で遊ばないよう言われている。できるだけ早く『こびととおさんぽ』を再開し、家にこもりがちな子どもたちを外に連れ出す機会を作りたい。誰かが始めないとこの先何

第3章■すべての人は志を生きられる

も始まらない」と率先して動いてくれ、活動再開に至ったのでした。

その言葉で、仲間がどれほど地域のことを考え、この活動に深く共感し協力してくれていたのかを初めて知りました。同時に、「自分中心」でプロ

こびととおさんぽ

ジェクトを独りよがりに考えてしまっていた自分に気付き恥ずかしく思う反面、心が軽くなりました。

地震がなかったら、仲間の気持ちを知ろうともせず、「自分中心」の活動をずっと続けていたかも知れません。

仲間と共に

「こびととおさんぽ」の活動のビジョンは「千年前の阿蘇らしさを千年後も」です。千年後も阿蘇が阿蘇らしくあり続けるには、地域に感謝と誇りを持つ若者が生まれ続けなければ実現できません。それに対し、私がいないと成り立たないプロジェクトを行っていても、私がいなくなればそのプロジェクトは終わってしまうでしょう。

これからの活動はそのような若者が生まれ続ける「下地作り」だと考えています。「こびととおさんぽ」は自然遊びを通して、子どもの感性や価値観を育てる側面と、これから大人になる子どもたちへ地域で遊んだ記憶と、地域への愛着や誇りを育てる側面を持つプログラムです。

ゆくゆくは「こびととおさんぽ」で一緒に歩いた子どもたちが、阿蘇らしさを生かした事業や活動を行って、活気ある地域になることを想像し、わくわくしながら仲間と活動を行っています。

83

2 商店街 ①

100年後も豊かな暮らしができる熱海をつくる
～たった一人の思いから、地域は変わる

市来広一郎（いちき・こういちろう）

NPO法人 atamista 代表理事
株式会社 machimori 代表取締役
一新塾 18・20 期東京本科

● プロフィール
1979年熱海生まれ熱海育ち／IBM ビジネスコンサルティング サービスに勤務／2006年に一新塾入塾／2007年に熱海にUターン／2009年より「熱海温泉玉手箱（オンたま）」をプロデュース／2008年 atamista を設立／2011年、補助金に頼らないまちづくり＆中心市街地再生を目指して株式会社 machimori を設立／2012年空き店舗をリノベーションし CAFE RoCA オープン／2015年には Guesthouse MARUYA を 2016年にはコワーキングスペース＆シェアオフィス「naedoco」をオープン／一新塾講師。

市民を生きる知恵

志は高く、アクションのハードルは低く

「熱海に帰ってきてから諦めるっていう発想をもったことがないです。一瞬たりとも。どんなに苦しいときでも」と語る市来さん。「それは僕にとって一新塾の一年というのが、とてつもなく大きいです。一新塾に入って『100年後も豊かな暮らしをできる熱海をつくる。人生をかけてそれをする』とのミッションを見つけ、完全に腑に落ちたんですね」。

市来さんは塾生時代に、何度も6つの箱を回して自分の根っこを掘り下げました。「志は高くアクションのハードルは低く」市来さんが一新塾で刻んだ言葉です。当時一新塾共同代表の社会起業家の片岡勝さんに語っていただいた行動を促す言葉です。志は高く突き抜けた方がいい。アクションのハードルは低いほどいい。ハードル下げて今すぐ行動。地に足の着いた一歩を踏み出してみる。誰もが入ってこれそうな小目標を設定し、達成したら互いの成長を喜び合い、讃えあう。志につなげる。それを実践し続ける市来さんです。（森嶋）

第3章■すべての人は志を生きられる

課題先進地「熱海」

　高度成長期、熱海は団体客誘致によって、年間530万人の宿泊客が訪れる全国有数の温泉地でした。しかし、2011年には246万人と激減。熱海の人口は、1965年のピークの5万4千人から、現在は3万8千人となっています。加えて「高齢化率」は45％（全国平均26％）。「空家率」は全国の市で最も高い50.7％（全国平均13.5％）。「生活保護者率」「出生率」「未婚率」いずれも、静岡県内ワースト1位の課題先進地で、50年後の日本の姿とも言えます。

　しかし、「衰退しているから、以前のように、たくさんの観光客を呼ばなくては」とは思いません。過去の延長線でなく、新しい熱海へと再生させていくことが必要だと思っています。

生まれ育った熱海への愛着と違和感

　私は、1979年に熱海で生まれ育ちました。親は、熱海駅裏の企業の保養所の管理人でした。かつての熱海は団体旅行や宴会で賑わい、人があふれていた熱海銀座でした。しかし1990年代には、誰も歩いていなくて、海岸沿いはさびれ、廃墟のような街並みです。高校時代は「何とかしたいなあ！」と思いつつも、それが仕事になるとは思ってもいませんでした。

　大学時代は、バックパッカーで世界各地を見て回ると「やっぱり熱海を何とかしたい。熱海って意外にいけてるんじゃないか。潜在的に可能性秘めているのにもったいない！」と思っていました。

　生まれ育った熱海の自然、商店街が残る街並み、歴史文化の積み重ねなど、可能性はずっと感じていました。さらに、首都圏からの近さは、暮らす場、訪れる場としてこれほどの潜在的な魅力を持った「まち」はないのではないかと思っていました。

　反面、日本社会に対して感じてきた違和感がありました。旅先のイン

ドから帰ったとき、日本に漂っている閉塞的な空気に、衝撃を受けました。人の目が死んでいるように見えて、「おれはこんな国で生きてきたのか、そしてこれからこんな国で生きていくのか」と怖くなりました。

市来さんと現場視察

　仕事はビジネスコンサルタントに就いて、やりがいは感じていましたが、顧客企業には貢献できても、社会を良くしているという実感が伴わなかったのです。都会では、大きなストレスを抱えながら必死で努力している人々がいて、周りを見渡すと、どの企業でも心身を病み、脱落していく人々は少なくありませんでした。

　2006年、こうした違和感が、私に一新塾への入塾を促しました。

会社を辞めて熱海に帰る決意

　一新塾では、同じように社会に対する違和感を感じている人、そして、何か行動をしたいと思っている仲間がたくさんいました。そして、既に多くの先輩たちが社会を変える行動を起こしてきていることを知り、狭い社会の中で生きてきた自分に気付かされました。

　さらに、一新塾で得たものは、自らの根っこにある想いをさらけ出し、その上でアクションを起こしていくことの大切さでした。それは「たった一人の小さな思い、小さなアクションが大きな変化を起こす」のです。自分自身の行動を通じて、多くの塾生の行動を見て実感していきました。そして「自分がやるべきことは熱海にある」そう確信したとき、会社を辞めて熱海に帰ることを決意しました。

　卒塾式の直前、働いていた会社を辞めて、東京から地元熱海に帰って

地域づくりに取り組むことにしました。そして、NPO法人atamistaを設立し、熱海の魅力を体験する交流型プログラム「熱海温泉玉手箱（オンたま）」のプロデュースを通した地域づくり、地域の人財づくりへの挑戦がスタートしました。

体験プログラム「熱海温泉玉手箱」

これまで、熱海の中で見過ごされてきたものは少なくありません。農地は商業地・住宅地になり、自然は開発され破壊されてきました。さらに、農家や漁師、小さな商店、さまざまな市民活動などもです。

そういった中にこそ、もっと地域をよくしていきたい、という思いを持って行動しようとしている、かっこいい「おじちゃん」や「おばちゃん」がたくさんいました。熱海温泉玉手箱「オンたま」を通じて、彼らを発掘し、思いを引き出し、地域の体験ツアーとして形づくることをやっていきました。

他に多くのプログラム「地域の食文化を知る」「温泉に生活文化を知る」「地域のお店の技術を学ぶ」「村での収穫体験」「港町の生活文化を知る」…を開催しました。

「農業体験のツアー」では、農家のおじちゃんの思いのつまった美しい農園に触れると、参加した人たちは感動します。そして、農家のおじちゃんのファンになり、行動で応援する人も出てきました。すると農家のおじちゃんも、ますますやる気になって、自分の隠れていた思いにも気付き、さらにアクションを起こしていく、そんな現実も生まれています。スゴいのは、そういった事実に周りも感染することです。それまで、放って荒れ放題だった隣りの農家さんも、誰も何も言わなくても、見違えるほどのきれいな畑に生まれ変わらせました。思いが行動の連鎖を生んだのです。

熱海ではこのような、たった一人の思いから始まる行動が少しずつ

賑わいを取り戻した商店街
CAFE RoCA前で

生まれ、それが次々に連鎖して大きく広がっています。「たった一人の小さな思い、小さなアクションが、地域に大きな変化を起こした！」のです。さらに、移住してきたシニア夫婦は、「熱海に移り住んできてよかった、本当に毎日が楽しい！」と熱海の熱烈なファンも出てきました。

家庭でも職場でもない、第3の居場所「CAFE RoCA」

　シャッター街となっている熱海の町なかを再生するために「株式会社machimori」を立ち上げ、その第1弾として、熱海銀座商店街の空き店舗をリノベーションして、CAFE RoCA（Renovation of Central Atami の略）というカフェをオープンしました。かつて証券会社だった50坪の空き店舗を、オーナーが「君らが熱海のためにやるなら安く貸すよ」との言葉からスタートしたのです。

　なぜ、カフェか？　あるとき偶然入ったカフェがとても居心地がよかったのです。サラリーマンから、音楽好きな人、外国人……多種多様な人が集まってくる。初対面でも気軽にお互い話すことができて、旅先のゲストハウスのようでした。

　私は、この社会に足りないのは、家庭でも職場でもない「第3の居場所」だと思うようになりました。イタリアのバールやフランスのカフェ、イギリスのパブのような、そして旅先のゲストハウスのような、人と出会い語らう場所なのです。熱海でもそうした場所を作りたい、と思いました。

　熱海で暮らす人、訪れる人が出会い交流し、熱海という町そのものが、

都会の人々にとっての「第3の居場所」となるようにしていきたい。しかも、クリエイティブな30歳代に選ばれる町にしていきたい。そして、この閉塞感漂う日本の空気を地方から変えていきたいと思っています。

ゲストハウス「マルヤ」

熱海銀座商店街の空き店舗のピークは、2011年には30店舗中10店でした。熱海の町の再生第2弾は、10年空き店舗だった100坪の元パチンコ屋のリノベーション。観光と定住の間の多様な暮らし方をつく

マルヤ外観　　©Hamatsu Waki

ることを目指し、2015年ゲストハウス「マルヤ」をオープン。ターゲットは、20代、30代の東京近郊に住む人たち。熱海に通ってほしい、2拠点居住。泊まると熱海が癖になり、20％は外国人です。「かつて、旅館、客を囲い込んで観光産業が衰退した。だから、僕らは逆をやる。積極的に町へ出てもらう」と宿泊客を魅力ある地域のお店にどんどん紹介します。

現在は、空き店舗数は10から3店舗に減りました。そして、熱海の宿泊客数もV字回復。246万人（2011年）から307万人（2015年）へと、60万人増えました。そして、熱海の町なかの再生第3弾は、57年間一度も使われていなかった空間をリノベーションしてのコワーキング＆シェアオフィス「naedoco」です。

私が目指すのは、2022年までに熱海のリノベーションの実現です。売上1億円以上を100社創出し、地域が外貨を稼ぎ、また地域で稼いだ外貨が、地域内に循環するようなビジネスを生み出すことです。

2 商店街 ②

商店街を舞台にした
多様な人が集う居場所づくり

菊地真紀子 (きくち・まきこ)

合同会社ＶＡＬＮ代表社員
NPO法人ワップフィルム事務局長
一新塾21期東京本科

●プロフィール
1963年東京都大田区生まれ大田区在住／1998年空間演出を手掛ける会社を設立／後に心理カウンセリング、人材教育に関わる／2007年一新塾をきっかけに、40歳でそれまで全くよそ者だった地域活動に携わり人生が一変／卒塾後、合同会社VALN設立／NPO法人ワップフィルムにて、地域映画「商店街な人」「未来シャッター」を制作／2013年 商店街の空き店舗を活用して「キネマフューチャーセンター」を設立／一新塾理事・講師。

市民を生きる知恵

自分の居場所がなければ、創ればいい

「自分の居場所はなく、人生の目的であったはずの仕事は実は単なる手段の1つでしかなかった」女性起業家として走り続けた菊地さんが、入院によってふと立ち止まったときに訪れた気付き。退院後、人生をどう生きるかを模索されているときに入塾されました。そして、一新塾の仲間と「子供たちの居場所を多様な人たちで支える」プロジェクトを立ち上げ、これまで地域のつながりがほとんどなかった大田区の現場に飛び込むことになりました。そして、子育てママと中小企業をつなげる地域密着型広報代理店VALNを起業。さらに、まちづくりのための市民が主役の地域映画を制作。商店街の空き店舗を活用して「キネマフューチャーセンター」も開設。コミュニティカフェ、コワーキングスペース、子ども食堂の機能も持ちます。「自分の居場所がなければ創ればいい」と語る菊地さん。多様な人が集う居場所づくりに今日も奮闘されています。（森嶋）

はじめにビジョンありき

「多様な人が尊重し合い、得意分野をシェアしながら自分の場を豊かにする」、一新塾卒塾の時から変わらない私が目指す社会ビジョンです。多様な人とは老若男女、障がいを持つ人も、居場所がないと感じている人も、それぞれの使命を見出し、何かを与え、何かを受け取る、支援する側、される側に分かれることなく自分ができることを精一杯して、豊かに生きられる循環型社会です。

活動拠点である大田区は人口70万人以上、4つの行政区域に分かれ、それぞれ特徴ある地域性をもっています。「下町ロケット」などに代表される町工場が盛んな地域、高級住宅街である調布地区、羽田空港周辺には外国人の方もたくさん居住、仕事をされています。違いがある人、組織、団体が反目しあうのではなく、尊重し合い、生かし合うことで豊かで力強い地域ができると考えています。

一新塾入塾まで自問の日々

転職して自分の望んだやりがいのある「住まい」の仕事をフリーランスでこなし、35歳で念願の起業。さてこれからという40歳になった途端、半年の入院を余儀なくされました。常に勝ち組、負け組と他人と比べ、勝ち続けなくてはいけない重圧に体が悲鳴をあげたのかもしれません。

組織に属さず、配偶者も子ども持たない生き方は、地に足がつかない根無し草のようで、地域に居場所はなく、人生の目的であったはずの仕事は実は単なる手段の1つでしかなかった、何のための誰のための仕事？　自分の存在は社会に何かをもたらすものだったのだろうか？　自問の日々。退院後、この後の人生をどうやって生きるかを模索する中、一新塾に出合いました。

一新塾での学び

　入塾して、各々課題は違っても、何らかの形で社会を良くしたいと考えている多くの人にまず驚きました。ボランティアの枠組みを超えて自分の人生を懸けて挑戦しようとしている人たち。一新塾では「同志」と呼びますが、ちょっと気恥ずかしく感じるこの言葉がまさにピッタリくるような仲間。組織や利益のつながりではなく、志でつながるので上っ面が通用しない、反対に安心して本音をさらけ出せる場所。週1回の講義は一方的に聴くだけではなく、自分ならどうするかを常に考え、それぞれのチーム活動に生かしていく。机上ではなく現場の声と知恵に触れて、それを皆で共有、プレゼンで思いを伝え、共感者を拡げていく訓練。それらの経験は卒塾後10年以上経った今でも全て生かされています。

一新塾チーム活動、地元大田区を歩く

　私が一新塾の仲間と立ち上げたチームは「地域の中で多様な人たちがシェアしあい子供たちの居場所を支える」プロジェクトチームというものでした。子どもの育ちは、親だけではなく地域全体で。居場所がないと感じている地域の人たちも子どもと関わることによって、自分の存在の大切さを知り、時間やスキルをシェアできる場所を創る。仕事優先で地域や家庭のことに目を向けず他人まかせ、そういう自分自身の生き方への反省

「キネマえがお食堂」。地域の高齢者や学生さんなども親子連れと混ざって食卓を囲んでいます。

もあり、私のような人が実は少なくないのではないか、彼等が地域に主体的に関わることによって、現代社会が抱える課題を解決できるのではないかと考えました。プロジェクトを通して、地元大田区内を歩き、多くの人の話を聴いて回りました。すでに素晴らしい活動をしている先輩がたくさんいるということを実感しました。

合同会社ＶＡＬＮ設立のきっかけ

　子育ち、子育てに関しての歴史ある団体の事務局長から「よそ者だからこその視点で」子育てイベントをまとめてみないかと打診され、出会いの中から子育てイベントの実行委員長を担うこととなりました。子育てと教育と産業は縦割りではなく一緒に課題解決するべきではないか。大田区の中心産業である「ものづくり」の方々に参加を呼びかけました。当時、大田区の待機児童は1000名を越え、働きたいお母さんがキャリアを諦めざる得ない現実。一方、区内のものづくり中小企業では優秀な人材を確保できないという問題がありました。このミスマッチングを解消したいと思い、2010年にＶＡＬＮを創業しました。

　子育てイベントの縁で、中間支援組織NPOの代表理事と意気投合し、2人でＶＡＬＮの共同代表に。区内の女性起業家の先輩、男女平等推進NPOの理事長、全国のママイベントを仕掛ける女性起業家に顧問をお願いして多様なアドバイスをもらいました。

　区内のありとあらゆるイベントや勉強会に出かけては、意欲的でキラキラしている女性を一本釣りしてパートナーになってもらいました。優秀な女性たちそのものが地域資源、その力で東京都の「地域資源活用」助成金にチャレンジしてスタートを切ることができました。

地域と人をつなげる映画製作

　一方、2011年地域映画「商店街な人」を製作したNPO法人ワップ

フィルムとの出会いがありました。事務局長として「映画を目的ではなく手段とした地域活性」を具現化するべく「市民が主役の映画制作」「映画をきっかけとしたまちの未来を創るフューチャーセッション」を展開してきました。多様な人がまちの未来を語り、そこに向かって主体的に参画する。2015年に産官学金の連携、資金だけに頼らず、多様な協力で生み出された新しい映画「未来シャッター」が完成しました。

　この映画は上映後に参加者全員で「未来対話」をすることが特徴になっています。大田区だけでなく、墨田区、藤沢市の行政、企業、信用金庫、NPOにも協力いただきオールロケを敢行、実際の経営者、大学関係者、商店街会長、モノレール職員などが文字通り手弁当で参加くだ

キネマフューチャーセンターでの映画撮影風景

さいました。（ロケ弁当、飲み物のすべて協賛）映画のコンセプトは「すべての境界線を越える」「自分たちの未来は自分たちで創る」というものですが、観(み)る人が、その時々の置かれた立場によってさまざまな気づきがあり、次のアクションを起こすきっかけとなるという意見をいただいています。

　映画上映＋対話の場からたくさんの「踏み出す一歩」が生れています。

商店街を舞台にした拠点づくり

　活動するうちに、商店街の空店舗活用のお話しがありました。蒲田の、キネマ通り商店街にコミュニティカフェ・コワーキングスペース・まち中映画館の機能を持つ「キネマフューチャーセンター」を空き店舗をリノベーションして開設設立。「場を持つ」ということは覚悟して地域に根を張ることだと思います。当初は遠巻きで活動を見ていた商店街や町

第3章■すべての人は志を生きられる

内会の人たちも、2年も続けていると少しずつ心を開いて仲間として受け入れてくれるようになりました。「キネマフェスタ」「キネマハロウィン」「キネマえがお食堂」など地域の皆様と連携したイベントや賑わい創出事業に取り組んでいます。

「未来シャッター」上映後のフューチャーセッション

また、こども食堂の名づけの親を代表とする「全てのこどもが安心して笑顔で過ごせる地域づくり」のネットワーク「こども笑顔ミーティング」を2016年に結成しました。、一人や一つの団体ではできないことでも緩やかなネットワークで共創しあうことを目指します。その1つの具現化として東蒲田地域にこどもだけでなく、誰もが一緒に笑顔で食事できる場所をつくりました。これが、「キネマえがお食堂」です。地域の高齢者や学生さんなども親子連れと混ざって食卓を囲んでいます。

さらに、議員、不動産会社、大学などと連携して「空家空店舗研究会」を立ち上げてシャッター通りをそのまちにふさわしく再プロデュースすることに取り組んでいます。

まちの未来は自分たちでつくる

自分の居場所がなければ創ればいい、やりたいことが見つからなければ探し続ければいい。一新塾で描いたビジョンが実現し、仲間が増えて更に大きなビジョンが次から次と現れ具現化していきます。夢は必ず実現するもの、未来は自分達で創っていく、「主体的市民として」これからも挑戦し続けたいと思います。

3 観光・旅館 ①

旅育を提唱する「たびえもん」の挑戦

木舟周作 (きふね・しゅうさく)

株式会社たびえもん代表取締役
一新塾 17 期東京本科

●プロフィール
1974年生まれ／ 2001 〜 2003 年、自転車世界一周旅行／これまでに五大陸およそ 70 カ国を旅行／ 2006 年一新塾入塾／「旅人天国プロジェクト」立ち上げ、その後、「旅育」を提唱／ 2012 年、カフェと旅行会社が一緒になった「旅に行きたくなるカフェ」たびえもんを開業／ 2015 年には、著著『海外旅行で子供は育つ！子供の人生を豊かにする「旅育」のヒミツ』（イカロス出版）を出版。

子育てしながら夫婦で起業

市民を生きる知恵

　木舟さんは、2001年5月から2003年11月まで、906日間かけて自転車で世界一周を果たされました。走行距離は何と40,856 km！　多様な文化や風土に触れ得た自転車旅行の体験を原点に、木舟さんは一新塾で「『旅人天国』日本」チームを立ち上げ、リーダーとして奮闘されました。その活動の延長線上で、3人の子どもを育てながら、「旅育」を提唱。練馬区で講演活動を重ねてゆかれました。

　そして、木舟さんは旅行会社を辞めて夫婦で起業し、2012年に、練馬に、旅に行きたくなるカフェ「たびえもん」をオープン。旅行会社に勤めていた木舟さんが旅行業務の担当、デザインや編集の仕事をされていた奥さまがカフェの店長。ＰＲのチラシも奥さまがイラスト付きで魅力あふれる内容に仕上げます。旅好きの奥さんの手作りの世界のお菓子も魅力です。夫婦の協働、家族の絆を深めて、旅をテーマにしたコミュニティを築き上げています。（森嶋）

2012年4月に、カフェと旅行会社が一緒になった「旅に行きたくなるカフェ」を、東京・練馬にオープンしました。夫婦二人での起業でした。

創業理念は「旅育」。聞き慣れない言葉かもしれませんが、要は小さい頃から外の世界へ出て、いろんなことを経験しようよ、ということです。「かわいい子には旅をさせよ」です。

カフェで子連れ旅行講座を開催したり、旅行会社として家族旅行を手配したり、あるいは「旅育」をテーマにした本を出版したりもしています。「順調みたいですね〜」と言われることも多いのですが、とんでもない！　当初の計画どおりに進んでいることなどほとんどなく、予期せぬことの連続、試行錯誤の繰り返しです。

起業から5年。まだまだ短いのですが、自分なりに振り返ってポイントをご紹介したいと思います。

旅の楽しさを伝えたい

私の原点は自転車世界一周旅行です。新卒で勤めた旅行会社を退職し、27歳のときに旅立ちました。地球一周4万キロの道のりを走り、日本に帰ってきたときは29歳になっていました。

異なる文化や風土を肌で体験し、自力で国境を越えていく旅は、楽しいことも、辛いこともありました。地元の人の家に泊めてもらうなど、多くの出会いもありました。世の中について深く考えさせられるようなこともありました。

帰国後、久しぶりの日本で2つの違和感がありました。一つは子供の存在感が薄いこと。海外では自転車で走っているのを追いかけてきたり話しかけてくる子がたくさんいましたが、日本では外で遊んでいる子供すらあまり見かけませんでした。

もう一つは学生時代の後輩たちと話したときに、自分より一回り若い世代が、あまり旅をしなくなっていると知ったことです。なぜだろう？　少子化だから？　不況で安定志向だから？　日本全体に閉塞感があり、特に若い人に元気がないように感じました。もやもやした気持ちを抱えつつ、かといって30歳で再就職するのが精一杯で、何ができるわけでも

ありません。結婚し、子供が生まれて、父親になりました。

前後して一新塾に入塾し、自分ができること、自分がやりたいことを考えたとき、やはり「旅」しかないと思いました。旅することの楽しさを、次の世代に伝えていこう！　そうすることで、内にこもりがちな若いエネルギーを、外に向けることができるのではないか、日本を元気にすることができるのではないか、と考えたのです。

ビジョンだけで飯は食えない

再び旅行業界に戻った私は、独立を模索するようになりました。妻と相談するさなか、ふとした思い付きで、カフェを併設したら面白いのではと考えました。

いきなり旅行会社を始めても、信用も実績もなければ、数十万円の海外旅行を受注することは難し

たびえもんの店舗外観

いだろう。その点カフェなら、数百円のコーヒーで来店してもらえる。当座の運転資金を稼ぐこともできるだろうという、甘い見通しでした。

こうして開業した「旅カフェ　たびえもん」。ビジョンとして掲げたのは、もちろん「旅育」です。ターゲットは子連れのママさんたち。乳幼児連れでも来やすいように、キッズスペースやおむつ交換台を用意しました。

これが失敗の始まりでした。子連れママをターゲットにしたこと自体は、「旅育」との相関もあり、間違っていなかったと思います。私たち

第3章■すべての人は志を生きられる

一新塾の仲間が主宰する旅行の勉強会で、この日は「旅育」をテーマにするということで、たびえもんを会場に使ってくれました。

夫婦の子供もまだ小さく、営業は平日昼間が中心、ベッドタウンである練馬という立地を考えても、他の選択肢はありませんでした。

ただ、キッズスペースを設けたことで子連れで騒いでもいい店という印象を持たれ、お菓子を持ち込んで長居するなど、マナーの良くないお客様が増えてしまいました。ひどい例だと子供がテーブルに乗って跳ねているのに、スマホに夢中で気づかない親とか……。

しかも、そのような人ほど、残念ながら肝腎の「旅育」には関心が低く、海外旅行をオーダーしてくれることもありませんでした。

一方でOLさんやシニア層など、他のお客様は離れます。売り上げは伸びません。「旅カフェ」ではなく、中途半端な「キッズカフェ」でした。貯金通帳の残高は目減りし、このままではつぶれるという危機感だけの、最初の一年でした。

オーダーメイド旅行とカフェは相性が良く

つぶれそうなたびえもんを救ったのは、やっぱり「旅」でした。ウェブサイトに掲載していた旅行のモデルプラン。これをご覧になった方から、メールで見積り依頼が届きました。あるいは、前の会社のリピーターのお客様から、新しく旅行を計画しているので相談したいと連絡をいただきました。

たびえもんが得意とするのは、形の決まったパックツアーではなく、個々の希望に応じたオーダーメイド型の海外旅行です。相談はインターネット経由が大半ですが、首都圏に住む方の場合、正式に予約する前に、一度カフェに来店されるケースが多くあります。

　メールだけでは不安がありますし、顔を合わせて、本当にお金を払って大丈夫な会社か、ちゃんと確認したいという気持ちがあるのでしょう。その点、カフェを併設した「旅カフェ」というスタイルは成功でした。

　旅行雑誌やガイドブックがそろった店内で、ゆったり飲食していただきながら、質問や不安にお答えする。ウェブだけでのやり取りの場合と比べ、明らかに成約率もアップしました。あるいは旅行から帰国されたお客様が、お土産話をしに、カフェに来店して下さるというケースも、ありがたいことに増えてきました。

▍消えかけていたビジョンの復活

　ひとまず、すぐにつぶれる恐怖からは脱しました。続けることで、カフェにも新しいお客様がいらっしゃるようになります。キッズスペースは無くし、毎年ちょっとずつお金をかけて、内装や外観も変えました。

　当初は「旅」というテーマに変にこだわりすぎて、西アフリカの料理や中東のお菓子など、やたらマニアックなメニューばかり出していました。カレーや丼物など、日常的に食べても飽きないメニューにシフトしました。ドリンクやお菓子も、季節感を重視して、月替わりのお勧めをお出しするようにしました。もともとデザイナーの仕事をしていた妻の経験が、メニュー表や店頭のPOP、飾り付けなど、イメージづくりに大きく役に立ちました。

　そうすることで少しずつ、店の雰囲気を改善していきました。若い女性やカップルの割合が増えてきました。嬉しいことに、初めは少なかった家族旅行の依頼も増えました。ハワイやグアムといった定番よりもむ

しろ、例えば親子で本場ヨーロッパのサッカー観戦がしたいなど、アレンジ性の高い旅行を多くご案内しています。子連れ海外旅行の勧めを一冊の本にまとめて出版し、それを読んだ方から新たに旅行を依頼されたり、新聞や雑誌などメディアからの取材を受けるようにもなりました。消えかけていたビジョン「旅育」の復活です。

年始に家族でアメリカを旅行したとき（場所はモニュメントバレー）。自らの旅行体験をベースに、お客様および社会に情報発信を心掛けています。

カフェの「場」を外に広げて

今年9月、また新たな決断をします。カフェを休業し、旅行業に集中することにしたのです。理由は3つ。1つは純粋に経営的な判断です。また1つは子供たちとの時間を、もう少し大切にしたいという気持ちです。

当初5歳だった長男は10歳に、3歳だった長女は8歳に、0歳だった次女は5歳になりました。保育園に預けっ放しにできた時期はむしろ楽でしたが、小学校に上がると、放課後や夏休みの時期など、居場所が無くなる子供たちの安全面が心配でした。

そしてもう1つ。練馬区内で講座の依頼を受けたり、メディアの取材があったり、カフェの外でも「旅育」を広める活動は継続できると考えたからです。ビジネスを発展させること、プライベートを大切にすること、そしてビジョンを実現すること、三兎を追いながら、これからも「たびえもん」の挑戦は続いていきます。

3 観光・旅館 ②

事業を再生させ、地域を再生させる！
～会津東山温泉の三旅館の同時再生

深田智之 (ふかだ・ともゆき)

株式会社くつろぎ宿代表取締役社長
株式会社せせらぎ宿代表取締役社長
一新塾4・5・6期東京本科

●プロフィール
1964年生まれ／都銀系シンクタンクで公的施設の収益改善のコンサルティング／1997年一新塾入塾／2001年㈱リゾート・コンベンション企画を起業／高知県須崎市のグリーンピア土佐横浪（大規模年金保養基地）を運営、2年で黒字化／2005年より㈱くつろぎ宿社長として、会津東山温泉の三旅館の同時再生に挑み、3年余りで成し遂げ再生を完了／2014年、秋田県鹿角市での湯瀬ホテルの譲渡を受けて、㈱せせらぎ宿社長／一新塾講師。

市民を生きる知恵

試練のたびに使命を鮮明にして社会を変える

深田さんはサラリーマン時代、シンクタンクで既存の公的施設の有効利用等に従事。年金の積立金でつくられたグリーンピア土佐横浪の閉鎖危機に直面し、2001年、一新塾で同志と出会い、脱サラ起業。純粋民間企業として初めて公的施設の経営改善を受託。毎年7000万円程の赤字を2年で黒字化。だからこその地元争奪が発生し、結果、閉鎖に。第2ステージの舞台は会津若松市の東山温泉。2005年破綻寸前の3旅館の同時再生に着手。わずか1年半で黒字を達成。そんな中、襲った東日本大震災。直後に、旅館をいち早く無料開放し避難者の受け入れを決断。2014年には秋田県で最大級の湯瀬ホテルの事業再生を引き受けし、初年度から営業黒字を達成。試練と直面するたびに「何のために独立したのか」と原点回帰し、使命を鮮明にして、道なき道を切り拓く人生にいつも勇気と知恵をいただいています。（森嶋）

3旅館の同時再生～会津東山温泉

　グリーンピア土佐横浪が閉鎖となり、東京に戻ってきました。2005年、会津の東山温泉の3軒のデューデリジェンスをやってほしいとのお話がありました。実際の事業として、どのくらいの価値があって、将来性があるのか？　もし、ここの資源を上手に活用したら収益はどのくらい改善するのか？　調査してくれということで引き受けました。私はいつも、自分がもしやるんだったらどうするかということで報告します。実は、当初は自分がここをやるとは思っていませんでした。

　高知でのグリーンピアの事業再生のときに学んだことが役に立ちました。1つ目は地元の良いものを徹底的に個々の旅館の再生のために特徴つけて使わせてもらう。2つ目は、職員はみな、成功体験さえつければモチベーションを上げて誠実に能力を発揮してくれる。3つ目は、だめなものは無理して使わない。老朽化した客室、設備、備品はつかわないで、こじんまりやる。そして、利益をまず確保してから、次に、設備投資。2か月間調査してその根拠をつくって報告しました。やれるだけやってみました。一軒ずつの単位では独立採算は無理だけれども、「3館一体でやれば黒字化は十分見込め、継続が目指せる」と提案をさせていただきました。すると、引き受けてほしいと金融機関から話がありました。もう一度、経営者としてチャレンジしてみようと、千代滝、新滝、不動滝の3旅館の同時再生をお引受けしました。

地元の良いものを徹底的に

　まず、3旅館のそれぞれの特徴を打ち出すために、戦略的な3旅館のグレード分けを検討しました。最初は実際にはどのようなお客さんが来てくれるのか分かりません。この際だから、1泊2食6千円から3万円まで段階的に値付けをしました。日によってお客さまの層が違います。ビ

ジネスマンも、老人会も、週末になると観光客も、「少し高くてもいい部屋でいい食事を」といったように、個々のニーズにかなうサービスを料金に合わせて準備しました。このプロセスを通じて、自分たちがマーケットからこういう風に支持されているかというのが分かってきました。

ただし、「ここに来れば会津の良いものが全部揃ってます」というところだけは、ぶれないでやりました。そうすると、ここで生まれ育った職員がやっぱり地元の良いものはこうですと教えてくれます。酒と味噌と醬油と米と野菜と和食の基礎食材、ここでは最高のものが全部そろっています。妥協せずにお米だって酒だって、本当にいいもの入れました。いままで地酒の蔵が市内だけで20棟、エリアで40棟あり、本当にいいお酒を作っていて、全国新酒鑑評会で5年連続「金賞受賞酒数日本一」になりました。

自分たちで改修

一般的には、施設改修はすべて業者に発注しますが、くつろぎ宿では、自分たちでやります。お客さまが少なくなりがちな冬場の雇用対策にもなります。冬が来て、これまで頑張ってくれた職員が辞めてしまうと、次のシーズンにまた採用し、また、ゼロから全部教えなければなりません。これは悪循環です。

会津東山温泉視察の一新塾生を案内する深田さん

改装すべきこと、修繕すべきことはたくさんあるので、それを職員でやってみました。みんな素人。ペンキ塗りやったことない。壁紙貼ったことない。しかし、一回やれば、自分たちで何でもできるんです。一番大きかったのは、これまでは経営者の会社だったのが、自分たちの会社

になって思いも愛着もどんどん湧いてくるんです。私はいつも「この会社を徹底的に利用してみんな幸せになってほしい。この施設は、一人ひとりの職員が幸せになるためにあるんだからどんどん利用してくれ」と職員に言っています。

2011年8月、くつろぎ宿を訪問した一新塾の有志20名。深田さんの話を聞き、自分たちにも何が出来るか、向き合いました

与えられた使命

3館一体同時再生として、与えられた使命としては職員の雇用を守ること。それから、一般債権を全部引き受けることでした。当然に独立経営と会津の観光の拠点として、起爆剤として期待されました。大事なのは、運営コンセプトとビジョンの再構築、つまり理念をどうするかということ、「旅館の経営を通じて会津のファンをつくる」ということです。

①運営コンセプトとビジョンの再構築　②経営者としての覚悟と役割の提示　③職員の意識改革　④マーケティング　⑤.経費削減策　⑥施設の改修

浴衣着て裸になって大きいお風呂にみんながつかるとか、和食を箸でフルコース食べるとか、それから仲居さんが着物着て、おかみさんがいて、日本の伝統産業がみんなそこに詰め込まれているわけです。日本の文化の塊です。そういうものをどうやって守り育てていくのか。旅館業の課題は、お客さんがいないわけではなく、売り上げがたたないことではなく、「収益が上がらないこと」なのです。収益をどう上げるかということで、試行錯誤しました。

東日本大震災

東日本大震災で大きく揺れたとき、私はたまたま羽田空港にいて、帰

れなかったので待合室でテレビを見ていました。まず、携帯はつながらない。公衆電話でやっと一時間後つながり出して、とりあえず、全員生きていると。職員の家族も大丈夫。しかし建物が壊れていると。特に最上階のお湯が配管が切れて下に落ちてしまった。その建物丸々一棟使い物にならない。そうはいっても、崩れ落ちているものはない、ガラスも落ちていない。これであれば、我々で出来ることはたくさんある。くつろぎ宿、3軒の旅館併せて128室ある。定員が500人、布団は700人分ある。そこまでは受け入れ可能。地震が収まって、名取市、気仙沼など津波の映像が次から次へと出てきて、原発の影響も、これは大変なことになると。これは何万人、いや何十万人もが家に帰れない状況かもしれない。建物が無事でも、電気や水道が止まって、まともな生活が出来なくなる。会津は福島第一原発から100km離れている。自分で情報をとれる人もいるだろうから、せめて500人でも700人でも、うちの旅館で受け入れられたら。ちゃんと夜眠れて、おにぎりだけでもおなかいっぱい食べられて、何より底冷えする寒さからは逃れられる。最初にお風呂。まずは一時避難。民間としてもできることがたくさんある。

　結果、2011年4月10日までに延べ人数1万3000名くらいの被災者を受け入れていました。ピークのときは1日に数えられた分だけでも、約1400名。周辺の体育館に入っていた方はお風呂に入れないということで無料で開放しました。毎日1000名くらいの方がお越しになり、当館の方と併せて約2500名の方に、うちのお風呂を提供しました。

大熊町の人たちの受け入れ

　2次避難所としての受け入れは、福島県の場合、市町村別に避難エリアが決められました。3月末の旅館部会で、「大熊町が会津に来たいんだけれども、引き受けてくれないかという話があったけれど断った」という報告をその場で受けて、「何言ってるんですか！　うちだけでも

第 3 章 ■ すべての人は志を生きられる

震災直後、行政支援が本格始動する前に、旅館をいち早く無料開放して被災者の方々を受け入れ

ピークのときに1500人くらい受け入れました。やりきりましたよ。ここには経営者が集まっていて、もうこの場で即断即決できる参加者なんだから、この地域で2000人や3000人引き受けられないはずないじゃないですか」「あなたの旅館何人受け入れできますか？」と、一人ひとりに伺っていくと合わせて2500人になりました。その場で携帯で電話してもらって、「東山温泉は、全部で2500人受け入れられます」とお伝えしました。背景には、福島県と会津若松市と大熊町との話し合いがあり、会津若松市は大熊町の人口11500人のうち4000人の受け入れを期待されていました。東山温泉でこの半分以上の人数を担うこととなり、話がまとまりました。

誇りを持って仕事ができる

実は、震災直後に被災者受け入れを決断したとき、会社はつぶれるかもしれないと思いました。それはそれで仕方ない、やるだけやって、もう人生にこんな機会はそうないだろうから、今持っているものは全部出そう。これで会社つぶれても本望だと。職員も元気だし、私も元気だから、会社がつぶれても経営責任、株主責任取ればいい話で、またどこかで働けるだろうと。今まで観光旅館で誇りを持ってできなかった職員も多くの人の役に立てました。これをきっかけに職員はものすごく強くなりました。誇りを持って仕事をできるようになりました。おかげさまで、くつろぎ宿の経営は試練を乗り越え、日々、地域に貢献させていただいております。

4 子育て・女性 ①

被災地支援で知った
「母子家庭の貧困」や「子どもの貧困」

寝占理絵 (ねじめ・りえ)

NPO法人マザーリンク・ジャパン代表
一新塾34期東京本科

●プロフィール
シングルマザーとして子育てをしながら、15年に渡りWEB制作のプロダクションを経営／専門学校の顧問を担う等人材育成にも携わる／東日本大震災を機にNPO法人マザーリンク・ジャパンを設立／仮設住宅に住みながら陸前高田、大船渡、気仙沼など『ひとり親家庭』への支援を続ける／2014年、一新塾入塾／2016年6月よりフリースクールを開設。不登校の子どもや親への支援をスタート／一新塾講師。

市民を生きる知恵

現場で寄り添い発信し続ける

被災地のひとり親家庭の支援に身を投じて寄り添う中で、寝占さんは、震災後に不登校になってしまった子どもたちが少なくないことに気づきます。そこで、2016年より、再登校を支援するために、陸前高田でフリースクールを開設しました。これまでご相談にこられたお子さん全員が再登校出来るようになったそうです。しかし、津波でPTSDになった深刻な状況の子どもたちの心のケアをする空間、心の問題を抱えた子どもたちの居場所がありません。そのために、フリースクール建設のためのクラウドファンディング「Readyfor」に挑戦。第1弾では、別棟にする予定の音楽室の建設費用として目標額1200万円を2017年5月に達成。寝占さんは、子どもたちのために寄付の呼びかけを発信し続けます。さらに、国を動かし制度を変えるために、メディアを活用して現場のニーズを広く発信し続けています。（森嶋）

子どもとお母さんのために何かをしたい

「人々のために何かをしなければいけない」なぜだか、いつの頃からか、そう思い続けていました。それも自分が苦しいときほどです。シングルマザーだった私が小さな娘を抱え、自分のことさえままならなかった当時さえ、人を救うことを出来ない自分が苦しくてたまりませんでした。その後私は会社を経営するようになり、経済的にも恵まれましたが、ビジネス中心の忙しい年月を送ることになりました。その中でも特に「子どもとお母さんのための何かをしたい」という気持ちは大きくなる一方でした。

私自身、シングルマザーという境遇の中、周囲の方々の力を借りながら子育てをしてまいりました。苦しいこともある中で、私たち親子が多くの方に助けられ、わが子が心身共に健やかに成長できたことは、本当に幸せなことであり、周囲の方々への感謝の念がたえません。私にはこちらから助けを求めなくても、自ら手を差し伸べてくださる方が大勢いらっしゃいました。

東日本大震災

東日本大震災にあたり、私が思いをはせたのは、被災しながら子育てをしていかなければならないお母さんたちのことでした。津波で何もかもを失った多くの人々のことを考えると、胸が締め付けられるような想いでした。苦しくても苦しいと言えない人たちが大勢いるに違いない。私が苦しいとき、苦しいとは言わなかったように、私は、私がしてもらったように、物言わない誰かに手を差し伸べずにはいられなかったのです。震災当時、娘はちょうど20歳になり、自身の子育てに終止符を打ったところでした。

そして「いつの時代でも、どこに生まれても、全ての子どもにとって、

子ども時代が幸せなものであるように。全ての母親が母親であることに幸福感と誇りを持てる社会であるように」という理念の下、NPO法人マザーリンク・ジャパンを立ち上げ、被災地で親子支援を始めました。

仮設住宅の入居者に一軒一軒訪問

原発から赤ちゃんを連れて避難しているお母さんたちに赤ちゃんグッズを届ける活動、ベビーマッサージ講習、子育てセミナー、ママ交流会、シングルマザーの交流会等々さまざまな支援を行ってまいりました。

　2012年からは陸前高田市の仮設住宅に入居させていただき、住みながら被災者の支援を続けました。

子どもの貧困、母子家庭の貧困

　震災直後に宮城県で始めたシングルマザーへの支援は、その後の岩手県陸前高田市での活動で、父子家庭や里親家庭へも広げました。私たちは自分の足で歩き、最終的には陸前高田、大船渡、気仙沼の仮設住宅約7600世帯を対象に世帯調査を実施し、約200世帯を把握。個別訪問で傾聴、相談対応、子育てのアドバイス、食糧支援、就労支援等を実施してきました。

　被災地域のシングルマザーは津波で実家や職場が流されたりと複雑な

問題を抱えています。中には「子ども3人いて、仮設入居後3年間一日1食の生活だった」「子ども5人。震災後一日1食の生活が一年続いた。心中しようと思ったけど誰の首から絞めようと迷ううちに朝になる。子どもが多かったから死なずにすんだ」という母子家庭もあり、事態は想像以上に深刻でした。そして被災地でもこういった「母子家庭の貧困」が「子どもの貧困」に直結していました。私が支援する地域では、約180世帯の母子家庭のうち9割が月収10万以下の家庭でした。その中で生活保護を受けているのはたったの4〜5世帯でした。

　被災地には被災地特有の要因があります。しかし、根本原因のほとんどは日本全体で共通の課題です。2017年6月に厚労省が最新の貧困率を発表しました。2015年段階で日本の子どもの貧困率は13.9％と2012年段階と比べて2.4％減少しました。ひとり親家庭の貧困率も50.8％と2012年段階より3.8％減ったとはいえ、依然、高い数字となっています。日本は男女の賃金格差が先進国の中で最も高い国であり、国の子どもの教育予算が最も低い国です。他の先進国には当たり前にある養育費の制度もありません。

行政の制度

　日本ではお父さんから養育費を受け取っている母子家庭はわずか2割です。他の国は養育費を支払うことが、子を監護していない親の義務として法制化されています。給与からの天引制度は、アメリカ、カナダ、イギリス、オーストラリア、ドイツ、フランス、スウェーデンなど欧米諸国で広く実現されており、強制執行制となっています。

　「社会課題に対し解決策を見つけて、その方法を行政の制度に展開する」ことはNPOの最も重要な役割だと考えています。自分の目の前のことだけに留まっていては、社会は変わらないからです。「母子家庭の貧困」や「子どもの貧困」が日本中の課題だとしたら、それは最終的に

は政治で解決すべき課題です。政治を動かすにはメディアで取り上げられる必要があり、取材にも積極的に協力してきました。

一新塾の門を叩く

　震災から4年目、慣れない土地で走り続けた3年間。私は本当に疲れ切っていました。私自身の全てを削がれてしまったような感覚に陥っていました。私自身も陸前高田の仮設住宅に住みながら支援を続けたこともあり、一時は経済的にも精神的にも辛い状況に陥りましたが、「どうしてもこの人たちを見捨てたくない」という思いが強く、私の中で「止めるという選択肢」はありませんでした。

　削がれてしまった自分自身を取り戻そうと必死でした。「自分独りでは元の自分に戻れない、誰かの力を借りないと」そんな思いで一新塾の門を叩きました。入塾後、一番支えられたのはサラリーマンの仲間が変わる姿でした。彼らが社会の変革者として変わる姿を目の当たりにすることは本当に素晴らしい体験で、勇気づけられました。また、世帯調査では、塾生を中心に多くの方に被災地にご同行いただき、気持ちを新たにすることが出来、仲間がいることの素晴らしさを実感しました。

「根っこ」について

　「人々のために何かをしなければいけない」一体なぜそう思い続けてきたのか全く分かりませんでした。一新塾の中で「根っこ」と言われてもピンときていなかったのです。「これが私の根っこだった」と始めて合点がいったのは、一新塾を卒塾し10カ月も経過した2016年3月のことでした。ある集まりでボーイスカウトの方がお隣になりました。その方と話をするうちに、私自身が子どもの頃にガールスカウトに入団していたことを思い出しました。

　ガールスカウトでは紛争地域の子どもたちの状況や、飢餓で餓死する

第3章■すべての人は志を生きられる

アフリカの子どもたちについて知る機会がありました。「人々のために何かをしなければいけない」と思い続けた「根っこ」はここだったと初めて気づい

支援者仲間と食事を囲んで

たのです。記憶がよみがえったとたんに涙があふれ出しました。自分の「根っこ」に出会えた瞬間でした。同時に「教育の力」を実感したのです。私も教育によって「人々のために何かをしなければいけない」という気持ちを育まれていたんです。

「助けられた子どもが、助ける人になる」

　被災地の支援を通して、多くの若い仲間が出来ました。いつまでも被災者のために動いてきた若者が沢山いました。そしてその多くが「ひとり親家庭」で育った若者でした。彼らの多くが大卒の学歴を持っていました。彼らは「周囲の人や社会の仕組みに助けられた子ども」だったのです。私は被災地の支援を通して「助けられた子どもが、助ける人になる」ということを実感しています。子どもたちの「育ち」を応援することは社会の良い連鎖を生むことにつながると信じています。「助けられた子どもが、助ける人になる」という考えを日本中に広げ、全ての子どもが幸せな子ども時代を過ごせる国になるよう、活動を続けたいと思っています。

4 子育て・女性 ②

子どもの貧困を解決する
シングルマザー100人調査を起点に

徳丸ゆき子（とくまる・ゆきこ）

NPO法人大阪子どもの貧困アクショングループ（CPAO）代表
一新塾大阪地域科 30期生

●プロフィール
大阪府生まれ。NPO法人にて不登校、ひきこもり支援に従事した後、国際協力NGOに所属／国内事業を担当／子どもの社会参画、子どもの貧困、東日本大震災復興支援のスタッフ／2012年一新塾入塾／2013年にNPO法人大阪子どもの貧困アクショングループ設立／きっかけは大阪母子の象徴的な2事件「西区2児放置死事件」「北区母子変死事件」悲劇を繰り返したくない！と立ち上がる／一新塾講師。

市民を生きる知恵

人生を受けとめ、とことん寄り添う

「何が困ってるの？」「どんなサポートがあれば助かるの？」一人ひとりの子どもと母親に、とことん寄り添う徳丸さん。2013年の「大阪市北区母子変死事件」を受け、「悲劇を繰り返したくない！」と大阪子どもの貧困アクショングループを立ち上げました。そして、最初にとった行動が、大阪府内のシングルマザー100人調査。ほとんどの方が、子供のころから、結婚をしてから、自身のこと、両親のこと、元夫のこと、子どものこと、お金のこと、さまざまに絡み合った問題を抱えていらっしゃいます。一人ひとりが、どのようなサポートが必要かを聞き取るために、成育歴から現在の生活状況まで一人2時間かけて人生の歩みを丁寧にインタビューしていかれました。人生を丸ごと受けとめることで、これまでの調査では救いきれなかった本当の声を浮き彫りにしていきました。（森嶋）

子どもの貧困は7人に1人

「絶対的貧困」と「相対的貧困」は違います。「絶対的貧困」は途上国の飢餓です。日本の貧困は「相対的貧困」をいいます。日本などの先進国では物質的金銭的な欠如だけが問題ではなく、その国で当たり前とされている生活がままなっていない状態を指します。

日本では、貧困は家庭の所得が標準的所得の半分以下、122万円以下の世帯をさします。2015年時点で、国民全体の「相対的貧困率」は15.6％で6人に1人、「17歳以下の子どもの貧困率」は13.9％で7人に1人の割合です。また、ある地域では「相対的貧困率」は50％を超え、地域の格差が広がって固定しています。

私は、子ども支援に関わって20年。なぜ、貧困の子どもに関わっているのか。まずは、人生の歩みからご紹介したいと思います。

私は登校拒否児でした

私は、保育園も学校も苦手でした。お遊戯しましょうと言われても「いやです」と、協調性がありませんでした。一方、私は「なんでみんなと同じようにできへんのやろ？　私なんか変やわ」と、だんだん不安になってきて、中学校になって学校に行けなくなってしまいました。しかし、親も学校に行け行けという人じゃなかった。「学校行った方がいいけど、いかへんでもいい。自分のためやからな」と、多分はらはらしていたと思うけど、親は強くは言いませんでした。

そして、いろんな人たちの支えがありました。両親共働きで、私が部屋の中にいると「一人でおったらあかんよ」とおばちゃんが連れ出してくれ、犬と遊んだりしていました。塾は行っていました。唯一、友達がいたから。私の唯一の居場所でした。

20歳の頃、「こんな私が大人になってしまった。大丈夫か、いっそ死

んでしまおうか。でも死んだらあかん。親も、いろんな人も支えてくれている。私は何ができるんやろ？　そうや、私みたいな子どものためなら、不登校の子どものためなら、なんかできるんちゃうか」と思いました。

子ども支援の仕事

それから子ども支援の仕事をずっとしてきました。最初は、ニート・不登校・引きこもり支援のNPO法人で5年活動しました。子どもたちはいろんなテーマを抱えていて。不登校の子どももいっぱいいます。電話は親からひっきりなしにあるし、行っても行っても出会われへんし、その中で私も打ちひしがれてゆく。

次に、もっといろんなことを勉強した方が直接支援できるかもしれないと国際協力NGOに転職。それがセーブザチルドレン。10年活動しました。

日本では遅れている子どもの社会参画。2002年キャンペーン担当として採用され、子どもの声を聴いて社会に届ける政策提言をしていました。リーマンショックの後の2009年からは子どもの貧困をテーマに大阪の子どもたち100人の話を聴いてとりまとめて、貧困がどの程度子どもたちに忍び寄っているのかニーズ調査をして、霞が関に「貧困の対策」を要望していました。

そこに、東日本大震災が起こりました。国際協力のNGOだから日本のスタッフは少ない。「行ってください」と言われ東北へ。1年間通いました。目の前の惨事、打ちひしがれている人に背中さするのがせいいっぱい。子供の声を聴いて「何が困ってるの？」「どんなサポートがあれば助かるの？」と聞いて回りました。

「それやったら自分でやろか！」と一新塾の門を叩く

私は息子が3歳の頃からシングルマザーです。この東日本大震災の被災地に息子を東北に連れて行きました。1～2週間行っては1週間帰っ

てくる。子どものために何かできないかと始めた活動だが、自分も、子供もきゅうきゅう。仕事が終わったらずっとダッシュ。保育園に迎えに行き、スーパー行っ

シングルマザー100人調査ヒアリングの様子

て、家帰って、ごはん炊いて、ずっと追われています。組織では「子どもの貧困事業は当面できない」と言われました。「貧困の問題もやりたいし、息子のためにも。それやったら自分でやろか！」という気持ちが湧いてきて、一新塾の門を叩きました。一新塾では「こどもたちの一番のニーズはなんやろ？　一番何をすることが必要なんやろ？」と、いろんな人たちに聞いたり調べたりしました。

大阪で起こった母子の2事件

　大阪で起こった母子の2事件。2010年7月の大阪市西区「２児放置死事件」、2013年5月24日の大阪市北区「母子変死事件」。これらのケースはレアケースでなく氷山の一角です。問題を風化させず、悲劇を繰り返させてはいけない。

　親が自分の子どもにご飯たべさせられない、どれだけ辛かったかなと思う。これらは実はDVで夫から逃げていた。生活保護の相談にも行っていた。「私がこれをやらんかったら、子ども支援者と言えるか。行動

するしかないで」5月24日の事件を契機に、「大阪子どもの貧困アクショングループ」を立ち上げました。一新塾卒塾式の直前。一新塾の仲間も協力してくれました。

シングルマザー100人調査

シングルマザー100人調査報告書

多くの方が、子供のころから、結婚をしてから、自身のこと、両親のこと、元夫のこと、子どものこと、お金のこと、さまざまに絡み合った問題を一身に抱えておられます。仕事をいくつも掛け持ちしても、経済的に困難な状況から抜け出せないのは、彼女らだけの問題なのでしょうか？　DVから逃げ、子どものためにと休みなく働き、身体を壊してもそれは自己責任なのでしょうか？

私は、分からへんから聞くのです。セーブザチルドレンの協力も得て、シングルマザー100人調査が決まりました。シングルマザーの親子が、どんなサポートを求めているのか、成育歴から現在の生活状況まで一人2時間かけて100人の方を一人でインタビューしていきました。

大阪子どもの貧困アクショングループの3本柱の活動

具体的にどうしたらいいのか？　子育ちの仕組みのモデルをつくっています。子どもには早く会って目の前のニーズを聴く。「月末は米がない」「電気代ない」など。何を困っているのかを聴いて、分かったらすぐやります。そのうち相談の電話が来るようになりました。一人心ある

人とつながったら「困っている人がいるでしょ」と紹介してもらいます。見つける、つながる、ネットワークができます。

　しかし、本当に困っている親子ほど、簡単につながることはできません。ですから、スモールステップで人に信じる力を取り戻してもらうことをしています。そのための居場所づくりが大事なんです。

　現在、大阪市生野区を起点に3本柱の取り組みを展開中です。
（1）短期の緊急介入
　　　①しらべる（調査）
　　　②みつける（アウトリーチ）
　　　③つなげる（相談・コーディネート）
　　　④ほぐす（介入・直接支援）

（2）中期の養育の社会化モデル事業
　　　①週4回の無料の「ごはん会」
　　　②居場所活動、部活動、キャンプ
　　　③年末年始お泊り会

（3）長期の制度改革・政策提言
　現在、「無料のごはん会」は週4日。火、水、木、土。デイサービスと時々ショートステイ。地域にはまだまだ居場所に来れない子どももいるので、「ごはん宅配プロジェクト」も始めました。
　2016年の成果は、2500人の子どもたちに全て無料でごはんを提供できました。地域の市場やら、心ある人、農家さんとかいろんな人とつながれば、もっとできます。うちの子どもたちのニーズは「毎日してほしい」なんですね。

4 子育て・女性 ③

安心して預けられる病児保育を
当たり前のサービスへ

賀川祐二 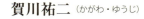（かがわ・ゆうじ）

NPO法人病児保育を作る会代表理事
一新塾 15・17・19 期東京本科

●プロフィール
1966 年、北海道札幌市生まれ／北海道大学農学部卒／1989 年から 16 年間（株）リクルートにてマーケティング、営業、システム開発などに関わる／第一子誕生後、子どもが病気の時の保育サービスの不足を実感。2004 年 7 月に退社し、11 月に一新塾第 15 期に入塾／病児保育サービスの拡大など、子育てと仕事の両立ができる社会基盤作りを目指し活動を開始／2005 年 12 月ＮＰＯ法人病児保育を作る会設立／一新塾講師。

市民を生きる知恵

問題意識は日常生活の中から

　子どものいる共働きの核家族だったら、一度ならず「子どもが病気だ。どっちが会社を休む？」と困った経験があるのではないでしょうか？　賀川さんも共働き家庭で、子どもがよく熱を出して「どっちが会社を休む？」と苦労されたそうです。この切実な実体験は、自分の家庭だけの問題にとどまらず、他の同じ境遇の家庭に思いを巡らせます。賀川さんはこれを、子どもを育てる社会の問題として捉えました。さらに、親身に利用者の立場に立って、費用負担も1日1万円程度に抑えて、継続的なサポート提供をできるようにすることに何よりこだわりました。「低コストで子どもたちもお母さんも、お父さんも、短い子育て期間を充実してすごせるように」と、地道に活動を積み上げつづける賀川さん。病児保育を社会に根付かせる取り組みは着実に広がってきています。（森嶋）

サラリーマン時代に起業を決意

　私は、(株)リクルートで働いていたサラリーマン時代、就職情報の仕事で、広告の営業や、本やサイトの構築、広告の内容審査、購買、販売促進などに携わりました。当時は子育て真っ最中でした。子供がよく熱を出すことが多く、共働きでしたので、子どもの看護と差し迫った仕事との狭間で葛藤し、辛かった経験があります。子どもが風邪のときなどは、申し訳ないと思いながら、やむを得ず妻に任せて、会社に行くことが少なくありませんでした。

　仕事を通じても、子どものいる人は保育がネックとなって、就職するのが不利になる雇用環境の厳しい状態も実感していました。

　また、保育所の父母会や小学校のPTAの会長をそれぞれ何年間か経験しましたので、地域のお母さんたちが困っていて、支援を求めていることを実感していました。

　大阪への単身赴任中に「親も子もやりたいことができ、いっしょに暮らせるような社会の環境整備が必要だ。そのために自分は、子どもに関わる仕事をしよう。」と気持ちを固めました。

「社会起業家」で検索し、一新塾がヒット

　2004年7月に会社を退社しました。本当の意味で働くお父さん、お母さんをサポートし、家族みんなが仕事も生活も楽しめるような保育所を開こうと、早速プランを練り始めました。これを実現するには、保育士や医療関係の仲間が必要だと考え、ウェブサイトを立ち上げて、自分の思いを発表するとともに、企画段階から協力してくれる人を募集。しかし、芳しい反応はありませんでした。今の社会に必要な事業だという確信はありました。けれども、協力者がいなければ事業を立ち上げることはできないと不安がよぎりました。

退職から2カ月たった焦燥の中のある日、検索サイトで「社会起業家」のワードを入力してみたところ、一新塾のサイトがヒット。藁にもすがる思いで説明会に参加し、多彩な一新塾メンバーの中には医師をはじめ、看護師、保育士、介護福祉等の有資格者の他、この分野に知識や経験をもった塾生OBがいると聞き、入塾しました。

病児保育

入塾後、「子どもが急な病気になっても安心して預けて仕事ができる保育所を作りたい」という自分の思いを語った私に、一新塾の理事からこんな助言がありました。

子育ての地域の支え合い交流会

「病児保育併設の保育所を運営するには年間数千万の予算規模になる。それでは実現のハードルが高い。それよりは、事業内容を病児保育のみに絞ってみてはどうか」とのことでした。

賛同してくれるメンバーとチームを組み、当時の病児保育の状況を調べてみると、日本の病児保育は認可保育園40〜50件圏内に1カ所ほどの割合でしか設置されていないことが分かりました。しかし、施設は赤字運営が多く、なかなか増えにくい状況でもありました。

私は病児保育の空白地域を減らすことがまずは第一と考え、地域にとらわれない訪問型の方式で、病児保育を開始することとしました。また安全に利用が出来、利用者の費用負担も1日1万円程度で、継続的なサポート提供をできるようにすることにこだわりましたので、行政との連動も不可欠だということに行き着きました。

サービスメニューや展開地域など一つひとつ妥当かどうか案を出して確認をして、ということを続けていましたが、塾生の意見があったことで、

独りよがりにならない事業運営方針の基礎が作られたのだと思います。

NPO法人病児保育を作る会を設立

そして、2005年、NPO法人病児保育を作る会を設立。事業開始後は、都内で数百世帯の依頼者が2年程度で登録され、利用されました。特に、立ち上げ期は、受付やコーディネート、自治体へのプレゼン準備や協力者の獲得、経理に追われました。また、子どもの保育をするスタッフも少なく、自分も入ったりしたのですが、やることがサラリーマン時には経験していなかったことも多く、知識も時間も足りませんでした。一新塾の仲間の協力が本当に助かりました。

また、サポートをしていただく方の教育プログラム、運営基準、活動のフォローアップ等、医院との連携など安全性の管理が出来る

「子育てひろば」での手遊び

運営方法を整備することで、看護師でなくても対応できる方法が取れるようにしました。一方で運営の標準化、効率化等、損益分岐を下げる取り組みも行ない、料金設定を低くできるように運営を少しずつ変えていきました。 事業を始めるに当たっては、知らないことばかりで、怖いもの知らずでしたので、重大な決意をして飛び込むという感じで

はありませんでした。むしろ、収入も含めさまざまな利用者が増える中で、供給が足りず、必要とされていることを実感し、「より良い、より安い、より安定したサポートをより継続、拡大していかないと」という気持ちが定まってきたのだと思います。

また事業を適切に運営し継続拡大するには、お金の壁、人の壁、信用の壁など試練は数知れずありましたが、そのような際にも塾の仲間に支えられところは大きかったと思います。

現在の活動の柱は3つ

現在の活動をお伝えします。

1つ目は、ファミリーサポートの活動の一部として「地域の助け合いによる病児保育」を行うことです。活動域内の方に保育研修などを受けていただき必要時に預かりを行なっていただきます。

2つ目は、この活動の地域を広げることです。

3つ目は、自分たちが対応していない地域で、病児保育を始めたい人や団体があれば、地域の助け合い方式か施設方式かは問わず情報提供や相談などを通して無償で開業の支援を行なうことです。今まで約200の個人、団体からの事業開始についての問い合わせに対応してきました。そのうち十数団体が国内の各地でサポートを始めています。

私たちが一貫して取り組んできたのは、「どこでも、だれでも、利用可能な料金で使える病児保育を増やすこと」と、一時保育不足への対応です。風邪をひいたお子さんが保育所に行けないとき、お母さんが体調不良で子どもを見るのが難しいときなど、お母さんやお父さんの代わりに、地域の有償の子育てボランティアが保育を行います。

これらは全て区市町村から事業を受託し運営しています。自治体事業のため、利用者は安心して利用することが出来る他、利用時に支払う料金は1時間に数百円程度〜1000円程度、会費等は無料で、同じような

民間サービスよりかなり安く利用できます。

　現在では埼玉県内を中心に30件弱の区市町村に事業が拡大してきていて、利用登録世帯は10年前に比べ約100倍の1万7千世帯、これらを子育てボランティア2千人、20人の職員が支えています。

生涯取り組んでいく

「子育てひろば」でクリスマス会。サンタは賀川さん

　病児保育については、必要な方が、国内どこでも、安心して、払える費用で、継続して、利用出来るようにすること。育児において困難を伴う環境にある方への対応についても同様です。もっと広げていうなら、低コストで制度が継続可能で良質な福祉サポートを、多くの人が享受出来るようにすること。子どもたちもお母さんも、お父さんも、短い子育て期間を充実して過ごせるようにすること、が希望であり努力対象です。

　多様化する基礎的サポートを、一定以上の質と一定以下の料金やコスト、働く方や関わる方の満足を両立できるかについて常に考えながら、組織としての、対応力を向上させていくことが、次世代を担う皆さんへの貢献であり、私の責任と感じています。そのため病児保育、子育てで困難を抱える家庭への対応については、生涯取り組んでいくことになると思います。

5 文化　①

日本文化の継承と世界への発信

堀田卓哉 (ほった・たくや)

株式会社 Culture Generation Japan 代表取締役
一新塾 27・29 期東京本科

●プロフィール
1977 年東京生まれ／ 2005 年 International University of Monaco にて MBA 取得後、株式会社ホンダコンサルティングにて HONDA グループ十数社の経営再建を行う／ 2010 年一新塾入塾／ 2011 年 株式会社 Culture Generation Japan を設立／東京都美術館 Tokyo Crafts&Design を皮切りに、中小機構 Next Market In 事業など、約 100 社地域資源企業の海外販路開拓支援に携わる／ 2016 年より Japan Brand Festival 開催。

市民を生きる知恵

伝統を次世代につなぐ

　　　　堀田卓哉さんは1977年生まれのロストジェネレーション世代です。バブル崩壊後の就職氷河期（1994〜2004年）と重なった世代であり、自信を喪失してしまった人たちも少なくありませんでした。堀田さんも就職活動での苦労から、自分の未来と日本の将来を悲観的に考え、海外に渡りました。そして帰国後、浅草で知り合った同じロスジェネ世代の職人が語った「何百年と続いている伝統を、俺らが終わらせるわけにはいかない」との自信に溢れる言葉が、堀田さんの人生を変えることになります。ロスジェネ世代の若者が、職人と共に歩み、文化・伝統を次世代へつなぐことで誇りを取り戻すことこそが、同世代の再生、ひいては日本復活の鍵であると信じ、一新塾で仲間を得てプロジェクトを立ち上げました。そして、卒塾目前の2011年9月に、株式会社Culture Generation Japanを設立し日本の伝統を次世代、そして、世界につないでいます。（森嶋）

日本人の利他の精神

「What do you think of Japan ?」（日本について、どう思う？）

このような問いかけを外国の方にすると、多くの方は肯定的なコメントをしてくれます。

先日もイギリス人のビジネスパートナーに同じ問いかけをしたところ、「自己中心的な世の中で、日本文化だけが利他の精神をもっていて素晴らしいよね」という回答でした。

私は、その回答に正直なところ戸惑いました。「今まで大切にされてきた色々な文化が無くなろうとしているなかで、日本人はまだ利他の精神を持ち続けていると胸を張って言えるのだろうか……」

日本の伝統工芸産業

私は日本の伝統工芸や文化を海外市場に向けて発信し、販路開拓を支援する事業をメインに活動しています。日本には、素晴らしい文化や伝統が沢山あります。しかしながら、日本文化を支えてきた大切な「土壌」の1つである職人の多くは、販路減少、後継者不足に悩み、廃業の危機に瀕しています。職人の方に話を伺うと、「息子に家業を継がせたいと思うが、今の状態で家業を譲るのは可哀そう」「この技術はもう俺で終わりだな」という声を聞く機会が多くあります。

伝統工芸産業は、この20年間で、約1/3の産業規模となり、その下降カーブは加速していく一方です。これから5年後に、どれだけの「本物」が残っているのか。例えば、日本の民族衣装である「着物」。今でも、多数の商品が中国やベトナムで縫製されています。「『日本製の着物を残す』ことにどれだけの意味があるのか？」と聞かれることもありますが、受け継がれてきた伝統や技術が失われることは、日本人のアイデンティティの一つが無くなってしまうように私は感じます。

いま世界中の人たちが、「現代の大量生産、大量消費のサイクル」から脱して、新しいライフスタイルを生み出していかないといけないと漠然と感じています。ただ、その新しい未来の姿を提示し得るような伝統産業は、日本ぐらいしか残っていないのではないかと感じています。日本は、昔から新しいスタイルに変化していくことを受け入れつつも、今まで培ってきたことをきちんと伝承していくというマインドを持っています。「日本人としてどのような新しいライフスタイル・文化を発信していけるのか」が世界に問われていることでもあり、期待されていることだと考えています。

世代間でバトンを渡す

　私は1977年生まれの40歳、いわゆるロストジェネレーション世代とも呼ばれる年代です。バブル崩壊期に成長し、テレビでは暗いニュースばかりが毎日流れていました。次第に「日本ではなくグローバルに活躍したい！」という想いを抱くようになり、アメリカ、ヨーロッパへ渡りました。しかし、現地では、海外の友人から日本文化が高く評価されていることを知り、初めて「自分は日本人なんだ」と誇らしく思ったことを覚えています。

　そして、帰国後に住むことになった浅草では、同世代の職人と出会い、彼らの思いに触れました。「何百年と続いている伝統を俺らが終わらせるわけにはいかない。俺らの仕事は文化・伝統を受け継いで、より良いものとして次世代に引き継ぐことだ」。この一言に、私は痺れました。私は、形あるものや外の世界ばかりを追い求めてきましたが、本当に大切なものは、日本の中に、自分の中にあったのだと気がつきました。

　一方で、「新しいことに挑戦したい」「世界で勝負したい」と思いながらも、「伝統」の枠から出ることができないもどかしさを職人の皆さんが持っていることを知りました。

私が磨いてきたビジネスの専門性を生かして、職人の皆さんと共に歩み、文化・伝統を次世代へつなぐことをビジョンとして、2011年9月に株式会社 Culture Generation Japanを設立しました。

■ 一新塾、そして最初のプロジェクトとの出合い

入塾当時の私は、今のように方向性が定まっていることも無く、漠然としたモヤモヤを抱えているだけでした。プロジェクトを進めれば進めるほど、「自分の本当にやりたいことは何なのだろうか？」「お金のためにやるのか？　社会を変えたいからやるのか？」といった自問自答を繰り返し、ミッション・ビジョンを深掘りすることに苦しみながらも、チームメンバーからの叱咤激励を受け、自分の「根っこ」は、いつの間にか深くなっていきました。

海外デザイナーとの工房訪問

当時在籍していた会社で、「退職する理由は、伝統工芸や文化を世界に発信したいからです」と真顔で語る私に、上司は呆れ果て、まともには取り扱ってくれませんでした。一新塾のメンバーだけが、私のミッション・ビジョンを真摯に受け止め、一緒に育ててくれました。この仲間と「根っこ」を掘る深さの分だけ、自分の覚悟の深さにつながり、今でも事業を継続できているということにつながっているのだと思います。

とはいえ、会社設立後すぐに仕事があるわけもなく、ありとあらゆる人に、自分のミッション・ビジョンを語る毎日が続きました。そして偶然の出会いから、東京都美術館 事業で「Tokyo Crafts &Design」の事務局チームに加わることが出来ました。

同事業は、私たち世代のデザイナーと伝統工芸職人がコラボレーションをすることで、新しい商品を生み出そうという目標をもってスタートしました。最初はお互いに自分の感覚を譲らない両者でしたが、デザイナーが職人の工房に一日こもって、自らが技術を学び、職人との対話を始めたことで、真の協働が始まりました。その成果として、伝統技術を生かしながら現代のライフスタイルに合った名品を生むことが出来ました。ロスジェネ世代のデザイナーが日本文化の伝道師に変わった瞬間でした。今後も、このような事例を多く創出することに関わっていきたいと考えています。

Japan Brand Festival ── 若い世代との懸け橋に

JAPAN BRAND FESTIVALのキックオフ

　その後は、色々な方の支援のお陰で、ミッションを果たすべく事業を前に進めることが出来ました。

　独立行政法人中小企業基盤整備機構と協働したNext Market In 事業、Contemporary Japanese Design Project では、3年間で約60社の全国の中小企業と海外市場で「真に流通する」商品開発および販路開拓支援プロジェクトを推進しました。同様に、東南アジア市場での販路開拓を目指したKYOプロジェクト、など　多くの機会に恵まれました。

　このように日本の地域のモノづくりを世界へ発信しようとしている取り組みは、日本全国で行われています。しかしながら、それらの活動は

第3章■すべての人は志を生きられる

多くの仲間が集まるプラットフォームへ成長

横連携がなく、ノウハウも共有されないために同じような失敗を繰り返してきました。

「同じ志を持つ人がつながるためのプラットフォームを作りたい！」とパートナーと一緒に、2016年1月に第1回 JAPAN BRAND FESTIVAL、そして2017年3月に第2回を、いずれも渋谷ヒカリエにて開催をしました。ここで、目指しているのはジャパンブランドを推進するためのオープンプラットフォームです。

次の世代の人たちが何を選択するのかで、未来の日本の方向性は決まってきます。だからこそ、今のタイミングで若い世代にバトンを渡せる土壌をつくっていきたいと考え、この活動をスタートしました。インターネットや携帯電話が「なくても不自由がなかった時代」と「あったから便利になった時代」、その両方をいちばん多感な時期に過ごしたのは、私たちの世代です。前の世代と次の世代を、本質的に分かりながらきちんとつないでいくことができるのは、私たちだけだと思っています。

だからこそ、私たちがきちんとジャパンブランドの未来を次の世代に渡したいと思っています。このJBFというプラットフォームを上手く活用してもらって、若い世代に活動をどんどん広げてもらうことが私たちの目指す姿です。

5 文化 ②

異なる価値観や違った文化が触れ合うことで、人は元気になる、社会は進化する

野田香里 (のだ・かおり)

映画監督・執筆業
一新塾 20・22・25 期東京本科

●プロフィール

24歳で渡米し、MBA取得の後ニューヨークで就職した体験を綴った『ニューヨークからの採用通知』を1992年に出版／アメリカ、フランスなど海外で生活／2007年一新塾入塾／2008年には「こんにちは歌舞伎～竹本清太夫みなかみへ行く」というドキュメンタリー映画を制作／映像を使ったオリジナルのプログラムで小学生向けの歌舞伎の授業をスタート／「上三原田歌舞伎舞台」の記録映像を渋川市から委託され撮影／一新塾講師。

市民を生きる知恵

「継続」し「伝承」する

野田さんが、一番最初に三鷹市の小学校で歌舞伎の授業を始めたときに、一新塾講師であり、当時三鷹市教育長だった貝ノ瀬滋先生から「野田さん、『継続』というのが教育で最も重要なことで、かつ、最も難しいことだ。けれども、この授業を『継続』してほしい」との言葉をいただいたそうです。そして、野田さんはその言葉を胸に、何年も小学校での歌舞伎の授業を深めながら「継続」してきました。

2017年2月には、野田さんが撮影した群馬県渋川市赤城町の「上三原田の歌舞伎舞台」の舞台設営・舞台操作技術などをまとめた記録映像の上映会を一新塾で開催。一新塾22期のプロジェクトメンバーと何度も足を運ぶことで市から委託され、撮影する機会をいただきました。

記録映画で伝わってきたのは、歌舞伎の上演だけでは見ることが出来ない舞台裏と、それを支える一人ひとりの汗と志でした。本当に大切な伝承すべきものが伝わってきました。（森嶋）

社会の諸問題は、経済ではなく文化で解決する時代

　私は、外資系企業で働き、アメリカにMBA留学をし、英語を使って働き、何冊かエッセイや小説を出版し、雑誌の編集や翻訳の仕事もしていたのですが、イラク戦争を境に「物書きとして、英語だけで情報収集していたのでは恥ずかしい」と痛烈に感じ、フランス語の勉強を始めたのです。そして手始めにしてみた、たった1カ月の夏の語学留学が、私の人生観を変えました。

　それは、南フランスでの小さな村で、人生を謳歌していた80歳のマダムの家でのホームステイ生活でした。自立したマダムのライフスタイルを見て、「社会の諸問題は、もはや経済だけで解決しようとするのは無理がある。これからは文化で解決していく時代だ」と実感したのです。

海外体験があったからこそ、日本の文化に興味がわいた

　それまでの私の人生は、いつも「両極端の文化」の間で振り子のようでした。育った環境は、父は東京の山の手文化、母は下町文化で、水と油のよう。大学を卒業し、外資系企業に就職してからは、アメリカと日本の慣習の違いに驚き、米国留学後、20代で暮らしたのは砂漠のアリゾナと大都市ニューヨーク。30代でフランスへ行き、これまで知っていたアメリカとまったく異なる、フランスの価値観を知ったのです。

　帰国後、私は日本の歴史や文化についてもっと知りたくなりました。そこで出合ったのが歌舞伎でした。ニューヨークでオペラをよく見ていたので、「オペラに似たものは日本では歌舞伎かな」という気持ちで訪れたところ、舞台に出ていたあるひとりの方に、釘付けになったのです。その方とは、歌舞伎における浄瑠璃音楽の一つの、通称「竹本」と呼ばれる義太夫節の太夫、竹本清太夫さんでした。顔を真っ赤にして、拳を握り、底力のある声で、豪快に登場人物の喜怒哀楽を語る竹本清太夫さ

ん。当時は「義太夫」という言葉も知りませんでした。

やがて、清太夫さんの渾身の語りの記録と人間性を残したいと、映画学校のドキュメンタリー科に通いながら、撮影を始めました。またその頃、雑誌の取材でお会いした方から一新塾の話をお聞きし、「素晴らしい講師陣に、毎週お話が聞ける」と思い入塾しました。

映画こそが地域に力をもたらす

映画学校卒業後、30分ほどの短編ドキュメンタリー「こんにちは歌舞伎〜竹本清太夫みなかみへ行く」が完成しました。この映画は、撮影場所が群馬県みなかみ町だったこともあり、「地域おこし」「観光資源」といった切り口から、地方自治体や観光庁省に注目され、官公庁主体で、上映会が行われるようになったのですが、そこで新たな出合いがありました。

上三原田歌舞伎舞台

それが、群馬県渋川市にある「上三原田歌舞伎舞台」です。見かけは窓もドアもない茅葺屋根の小屋ですが、地元、上三原田の約180世帯が、舞台設営や舞台操作技術を守ってきました。中は狭いのに、天井裏や奈落と呼ばれる地下に、80人もの上三原田の男衆がひしめきあい、歌舞伎の日は舞台を操作する、そのかっこよさに私はしびれてしまいました。

「この映画を撮りたい」そう思った矢先、初めて出会った上三原田の方の返事が「野田さん、遅かった。映画に撮ってもらいたいけれど大変

第3章■すべての人は志を生きられる

すぎて、自分たちも高齢だからもう舞台を開けることはできないと思う」でした。「えっ、そんな！」と驚き、東京に帰って、私を支えてくれた一新塾で立ち上げたプロジェクトメンバーに相談し、自分たちでできることは何かを考えました。

舞台裏

数え切れないほどのミーティングを経て、結論は「映像を撮って、上三原田の皆さんに、自分たちが『かっこいい』ということを知ってもらうしかない」ということでした。

　実は、何度となくNHKや群馬テレビで報道はされてきたその歌舞伎舞台ですが、国の重要有形民俗文化財であるため、詳細に建築家や専門家の手によって研究がなされているものの、舞台操作や設営の詳細な映像記録はほとんど存在していなかったのです。

君たちにできることは掃除しかない

　映画の力で地域を元気にしよう、という目標が生まれたものの、「東京から突然やってきた、若いねえちゃん」では地元も受け入れようがありません。そんな中、プロジェクトメンバーのひとりが建築科の大学院生で、「国の文化財なのだから、専門家の話を聞こう」と提案し、国宝を扱う建築の専門家にアドバイスを求めました。すると「君たちのできることは、掃除しかない」と一言。早速「掃除のお手伝いをしたいのですが」というと、初めて「じゃあ、来てくれるか」という言葉を上三原田の方々がかけてくださったのです。

　わりと軽い気持ちで「いざ、掃除を」と、プロジェクトメンバーの若

い男性陣を東京から派遣すると、「今、山で、チェーンソーで木を伐ってます」という写真が携帯に送られてきました。舞台設営は、山に木を伐りに行くところから始める、そんなことも知らなかったのです。

そうして2年続けて舞台の手伝いと撮影に、東京から何人もで出かけました。そんな私たちに朝5時に起きて、手作りのうどんを振る舞ってくれた商店のお母さん。伝統である公演前の「夜警」、つまり夜の舞台の見回りにも参加させてくれて、舞台裏の撮影はもちろん、舞台の操作要員としても入れてもらえました。

ついに映像記録をつくることに！

人生最高に幸せだと思った日は、それから5年間のブランクの後に訪れました。舞台の修復のため、5年もの間、公演がなかったのですが、「修復が終わったら、映像を、野田さんに撮ってほしいと思っている」と地元の方からお電話をいただいたのです。渋川市が予算を取り、きちんとした記録映像を残したい、そこで「誰に撮ってもらおうか」、という話でした。地元の方の後押しで私がお受けすることになりました。

そこから、第2のステージが始まりました。撮影クルーの適任者を探し、「絶対に外国人がいい」という信念のもと、フランス人カメラマンを手配し、3カ月間アパートを借り、足がふらつきながら、文字通りすべての工程に立ち会い、すべてを撮影しました。人から人へと伝えられてきた技術に、説明書はありません。「舞台設営編」と「舞台操作編」2本の映像を、ジグソーパズルをはめるようにして作り上げ、市長をはじめ、市の職員に試写会を行いました。

試写会終了後、わざわざ私を待って声をかけてくださったのは、教育長でした。「小学校や中学校で、この映像を見せられたらいいと思う」とおっしゃってくださったのです。

映像を活用した文化の授業が始まった

そこから、第3ステージともいえる、渋川市内の小中学校での授業づくりが始まりました。折りしも、最初の映画「こんにちは歌舞伎〜竹本清太夫みなかみへ行く」を題材

渋川市における授業風景

に、2009年から毎年、東京・三鷹市の公立小学校で行ってきた歌舞伎の授業が、2015年に文科省による伝統文化授業の調査研究事業に指定され、学校のカリキュラムとしては1つの大きな山に到達したばかりでした。そのスキルをもとに、渋川市ならではの特色のある歌舞伎の授業を2015年に2校で、さらに翌2016年には、養蚕の授業も加えて5校、2017年には7校で行うことになりました。

実は歌舞伎は養蚕と深いつながりを持ち、渋川市には県指定の無形文化財である神楽「養蚕の舞」があります。私の授業では、必ず「映像で舞台裏を見せ、体験授業をはさみ、最後に振り返りをする」という流れで行っていますが、渋川市の場合は、体験授業を実施してくださる方はその小学校や中学校の卒業生ばかりなので、「縦のつながり」を実感させます。東京とはまた違う意味で貴重な授業を行うことができるのです。

こうした取り組みを通じて、1つのセオリーが確信されました。「文化の保存・継承の鍵は子どもたちにある」のです。「伝えていくこと、常に発見し、成長すること」それが私のミッションだと感じています。

6 農業　①

一次産業を「かっこよくて、感動があって、稼げる」３Ｋ産業に

宮治勇輔（みやじ・ゆうすけ）

株式会社みやじ豚 代表取締役社長
NPO法人農家のこせがれネットワーク代表理事
一新塾13期東京本科

●プロフィール
1978年、藤沢市の養豚農家の長男として生まれる／慶應義塾大学卒業後、㈱パソナに入社／2003年一新塾入塾／2006年に㈱みやじ豚を設立／生産は弟、自身はプロデュースを担当し、2年で神奈川県のトップブランドに押し上げる／2008年農林水産大臣賞受賞／2009年、NPO法人農家のこせがれネットワークを設立／2010年、地域づくり総務大臣表彰個人表彰を受賞／テレビ東京「カンブリア宮殿」にも出演／一新塾講師。

市民を生きる知恵

生きざまで、いち早く示す

　日本の農業従事者人口は200万人を下回りました。誰も成り手がいないほど農業に魅力がなくなってしまった根本原因は、「農家に価格決定権がない」「生産者の名前が消されて流通して農家と消費者が完全に切り離されている」と語る宮治さん。以前は実家の農家を継ぐつもりは全くなかった宮治さんがあるとき、農業の魅力に目覚め、実家に戻ることを決意します。そして、バーベキューで農家と消費者をつなぐチャレンジに挑みます。さらに、日本の農業改革のためには、実家を離れてサラリーマンしている農家のこせがれが、実家に戻って農家を継ぐことが必要と、「ＮＰＯ法人農家のこせがれネットワーク」を立ち上げます。実家を飛び出し社会人になり、ビジネスの経験を積んだ農家のこせがれは、農業の世界に新風を巻き起こすことが可能です。それを宮治さんが自らの生きざまでいち早く実践して示していただきました。（森嶋）

社会人2年目で一新塾に出合う

　一新塾に入ったのは社会人2年目だったと思います。会社に入って1年目はがむしゃらに仕事を覚えて楽しくやっていく。2年目になると「自分は何のために働くんだろうか」とか、そういうことを考えるようになっていった。そんな中で少しずつ実家への思いを募らせていったときに一新塾に出合いました。ビジネススクールとか、いろいろ検討しましたが、僕が調べた中で最も実践的だと感じたのが一新塾でした。

　しかし、入塾して1カ月後に会社で大阪転勤を言い渡され、真っ先に森嶋さんにこのことを相談したら「宮治さん、それはいいチャンスだよ、東京にいたら、絶対に関西でネットワークを創ることなんかないから、関西で頑張っておいでよ」ということで関西に行きました。そしたら、一新塾大阪地域科の立ち上げも手伝って欲しいということで、一時、大阪地域科の説明会は、僕がやっていました。

　このまま会社に勤めて仕事をしていくのがいいのか、起業するのがいいのか、もしくは別の道があるのか、いろいろ悩みながら模索をしていたときでした。

うちの豚、うまかったんだ！

　それまで、農業は全く継ぐ気はありませんでした。30歳までに起業して、株式公開して、六本木ヒルズに住んで…、そんな思いを持っていました。大学時代、肉質コンテストで、うちの豚がお肉になって戻ってきました。50〜60kg、とてもうちでは食べきれないのでサークルの後輩たちを呼んでバーベキューをやりました。そしたら、びっくり！ 皆から、こんなうまい豚は食べたことない。自分も初めて「うちの豚、うまかったんだ」ということに気づきました。これが自分の原体験です。次の瞬間、思いもかけない質問「この豚肉、いったいどこに行けば買える

んだ」と聞かれて、頭が真っ白になりました。いままで考えたことすらありませでした。

農業の定義を変える —— 生産から一貫してプロデュース！

　大学卒業して、まずは、普通の就職活動をして、就職しました。しかし普通に仕事をしているだけでは起業なんかできないと考えて、毎朝早く起きて勉強しました。

　自分との対話の時間は大切です。本当に自分は何をやりたいのか？ やりたいことを書き出す、本を買う。これを繰り返しているうちに、農業の本を手にするようになりました。会社は自分の代わりはいるが、実家に帰って親父の後を継ぐのは自分にしかできないんじゃないか？　こういうことを考えるようになりました。

　農業の魅力を感じるように、農業の定義を変えよう。生産から出荷までではなく、生産からお客さんの口まで届けるところまでを、一貫してプロデュースすることが農業だと自分は定義した。流通のことも考えて、マーケティングもやって、営業もやる。商品開発もやって、レストランのプロデュースもやる。そこまで全部ひっくるめて一次産業と捉えたら…、これだったら俺もやってみたい。

　「一次産業を、かっこよくて、感動があって、稼げる3K産業に」がひらめいて、会社を辞めて、実家に帰って、親父の後を継ごうと決心しました。「おやじ、これからの農業はこうだ。生産から一貫してプロデュースするんだ！」。ところが「お前の話は地に足がついてねえ！」と、まったく取り合ってくれませんでした。

　盆や正月、ことあるごとに、自分の熱い思いをぶつけているうちに、「どうやらこいつは本気で言っているらしい」というのが伝わったらしく、「分かった。そこまで言うならやってみろ」で、実家に帰ることになりました。

事業計画は、みやじ豚バーベキュー

　僕の考えた事業計画は、月に1回バーベキューをやる。大人30人集めて、一人4000円もらって売上12万円。なんだかんだ差っ引いて手元に3万円残れば俺は生きていける。なぜなら、実家に帰れば、家賃タダ。食事タダだから。

　これが、当時考えていた事業計画の全てです。最初はメールニュースで30人集め、大成功でした。親父も最初は「勝手にやれ」と言っていたくせに、「俺が行って焼かねえとだめじゃねえか」なんて言って、バーベキューの現場に来て肉を焼くわけですね。「本当においしいですね」と言われると誇らしげに語るわけです。今まで、親父にはお客さんとの接点が全くなかったわけです。なので、すごく嬉しそうにしている。

勇輔さんのバーベキュー

　でも、家に帰ってくると不安そうに「うちの豚は本当にうめえのか？」と聞くわけです。なので、みんなからのお礼のメールを全部プリントアウトして親父に見せて「みんなうめえって言ってるだろ」と。なんか今まで見たことのないような顔で喜んでいるのを見て「これだったら絶対うまくいく」と、僕は成功を確信しました。

「みやじ豚」でブランド化を図る

　株式会社みやじ豚は、親父と弟が生産をやって、僕と妻と母で販売を担当している完全なる家族経営です。規模的には、日本の平均の半分く

講義で農業の可能性を語る宮治さん

らい。ゆったりとしたスペースで兄弟豚だけを一緒に飼う、通称、腹飼いは豚がストレスなく育ち、うまみ成分が国産のブランド豚の約2倍含まれています。

みやじ豚バーベキューは定期的にやっています。銀座松屋で唯一直売しており、今約100店舗の飲食店と取引しています。

ビジネスモデルとしては、いったん全量を農協に出荷しています。毎週2回、厚木の屠畜場へ。出入りできる食肉問屋は決まっていて、うちの豚はある特定の問屋にストックされます。うちは「みやじ豚」でブランド化を図って取引先から注文を受けると、問屋に発注する。そうしたら、問屋さんが骨を抜いてカットして包装して、宅急便の伝票を書いてうちの取引先に送ってくれる。いわゆるアウトソーシング。だから、自分は全国を飛び回れる。これは農業界では珍しい仕組みです。

うちは、1頭の豚で2回商売をしていることになります。1回目は普通に豚を育てて市場出荷。その後、注文を受けたら問屋から仕入れて売っている。だから、うちは、「養豚農家」兼「店舗を持たないお肉屋さん」です。さらに、うちは、売れてから仕入れるので、リスクが全くありません。

NPO法人農家のこせがれネットワーク

親父から、もう農業じゃ飯は食えないから「東京に出て働け」と言わ

れた農家のこせがれたちに、農業の魅力と可能性を伝えて、「実家に戻って農業を始めてもらいたい」という思いで、NPO法人農家のこせがれネットワークを立ち上げました。六本木農園、マルシェ運営、こせがれが集まる交流会、農業ツアー、ネットショップを作ったりしました。

最大の課題は事業承継

そして、農業界の最大の課題は、やはり事業承継。親父との関係がうまくいかないとか、家業の魅力を感じられないとか、一緒にやってるんだけど「方向性が合わず毎日喧嘩ばかりだ」という農家が本当に多い。僕自身は親父と話をしてこなかった。事業承継が円滑に進まないと農業界はよくなりません。日本法人の97％がファ

お父さんと弟さん

ミリービジネスです。そこで、2年前に農家のファミリービジネス研究会を立ち上げました。日本農業学会で論文書いたり、JA全農と組んで「事業承継ブック」を制作したり、農林中金の支援を受けて農家のこせがれ向けの事業承継研修プログラムをつくったりもしています。

実家に戻って、家族と話をするようになりました。還暦のプレゼントに赤いつなぎをプレゼントしました。嬉しいんですね。事業承継で失敗するパターンは、親父が不安になるからなんですね。自分の居場所がなくなってしまうことを先代は非常に恐怖する。でも、赤いつなぎをプレゼントし生涯現役でできるというのを親父はわかっているので、よかったなあと思っています。

❻ 農業 ②

ソーシャル・ファームバレー
せんだいプロジェクト

佐藤好宣 (さとう・よしのり)

株式会社ＭＩＴＵ代表
一新塾 32 期仙台地域科

●プロフィール
1982 年生まれ。大学時代にボランティアがきっかけで障がいのある子どもたちと出会う／その後、言語聴覚士の資格を取得し、病院や介護施設等に勤務／東日本大震災で自宅が流出／新規就農を決意し、2013 年一新塾入塾／宮城県仙台市と大崎市で新規就農、さとう自然農園を営む／ 2017 年株式会社ＭＩＴＵ設立／ソーシャル・ファームバレーせんだいプロジェクトを立ち上げ、活動中。

市民を生きる知恵

現場の声に耳を傾ける

　佐藤さんは実家が兼業農家だったので、幼いころから農業に親しみコメや野菜を栽培してきました。大学卒業後は、リハビリの資格を取得し、病院や施設で働いていました。東日本大震災で被災したことをきっかけに「人生一度きり。自分のやりたいことをやろう！」と農業と福祉のあり方について真剣に考え始めます。障害のある人たちやそのご家族からの現場の声に真剣に耳を傾け、問題の原因を掘り下げます。あるとき、障がいのある人たちから「私たちが『いきがい』や『やりがい』を感じれる仕事場を創って」「農業をしていると『やりがい』を感じられるから、そういう場を創ってほしい」との言葉に背中を押され、佐藤さんは一念発起し、「ソーシャルファームせんだいプロジェクト」を立ち上げ、農地を確保し、起業しました。私も視察させていただいた佐藤さんの農園は、とてもあたたかい雰囲気に包まれていました。(森嶋)

私は、働きたくても働けないという障がいのある人がいること、障がいのある人の家族が今後の生活について悩みを抱えていることを知りました。そこで、働きたいという意欲のある障がいのある人たちが生きがいをもって働くことの出来る地域社会を目指し、日々活動しています。

障がいのある人たちとの出会い

私は、学生時代にボランティア活動で障がいのある子どもたちと出会ったことがきっかけで、リハビリ（言語聴覚士）の資格を取得し、病院や介護施設で働いてきました。そこでは、リハビリをしながら障がいのある人たちや、そのご家族と話をしていくと、「働きたくても働ける場がない」「家庭があるのに、障害を理由に企業に就職できない。障がい者就労支援施設では低賃金しかもらえず生活が苦しい」「施設で就労支援を受けても十分な支援が受けられない」といった悩みを打ち明けてくださいました。

また、「私たちが年老いていったときに（障がいのある）子どもの将来が不安」「病気をきっかけに引きこもりになってしまった」「家族の介護に追われ、仕事ができず、生活が苦しい」といった声も聴いてきました。

原因を探る

何故、障がいのある方、その家族がこのような悩みを抱えているのか。私は障がい者就労支援施設や一般企業の経営者や人事の方々からの話を聴き、原因を探りました。

就労支援施設で働いている障がいのある方、支援スタッフの話を聴くと次のような現状にあることが分かりました。

①就労に向けての効果的な支援・訓練が少ない、次につながる受け皿が少ない、②福祉的側面とマネジメントのバランスのとり方が難しい、③請け負うことのできる仕事が少ない、④請け負う仕事があったとして

も障がい者の方々の工賃を捻出するだけの利益につながらない、という声を伺いました。また、施設のスタッフからは、①障がい者向けの就職説明会は、長蛇の列が出来るほど求職者が大勢いること、②なかなか就職できない人たちが多いこと —— を教えていただきました。

仙台市の農園での作業風景

　また、企業側では、①障がい者との関わり方や、マネジメントのやり方が分からない、②ギリギリの経営、人員で行っているため、障がい者を雇用する余裕がない —— という声が聞かれました。

交通事故

　私自身、学生時代に交通事故に遭い、これまで手先の痺れや頭痛、吐き気、めまい等の体調不良に悩まされていました。当時は体調不良の原因が分からず、最初に病院を受診したときには「うつ病」「自律神経失調症」の診断を受け、治療しました。しかし、症状は治まることはなく、数年後、症状が悪化し、別の病院に入院した際、「脳脊髄液減少症ではないか」と言われ、治療しました。この治療で症状が良くはなりましたが、完全ではなく、さらに、別の病院で「外傷性頸部症候群」と診断され、治療しました。

　今は指先が痺れたり、時折頭痛やめまいがすることもありますが、大きな支障なく日常生活を送れるようになりました。

　交通事故に遭ってからの数年間は社会から孤立ぎみにありました。私

が原因不明の症状で悩まされている時、休日に農業をしていました。畑に友人が来て一緒に農作業をしたり、家族と作業しながらコミュニケーションを図ったり、また外で作業をすることや野菜を育てること自体が心身にとてもいい影響を与えてくれました。

　リハビリの仕事で障害のある人や、そのご家族の悩みや現実を知っていく中で、自分自身の交通事故や農業で経験したことが頭の中で重なりはじめ、漠然と農業を通して、障がい等で悩みを抱えている人たちの支援をしていきたいと思うようになりました。

東日本大震災

　東日本大震災の津波で、仙台市の沿岸部にあった自宅が流出しました。すべてを失い、生活を一から築いていこうとしたときに、「人生一度きり。自分のやりたいことをやろう！」と強く思い、新規就農する決意をしました。

　就農準備をする傍ら、障がい者就労支援施設等で出会った障がいのある人やそのご家族から「私たちが『いきがい』や『やりがい』を感じれる仕事場を創って！」障害のある子どもたちのために仕事ができる場所を創ってほしい」と言われ、さらに自分自身の志が大きくなりました。

　就農の準備をし始めた頃、新聞で一新塾の塾生募集の広告が目に止まり、「志」というワードに引かれ、説明会に参加。ビジネスプランや戦略ありきの講座ではなく、志ありきで、その根っこを深めていくというスタンスに魅力を感じました。実際に講座を受け、同じ志の高い仲間とお互いのプロジェクトについて話し、議論し合うことで、それまで見えてこなかったことが浮き彫りになり、プロジェクトを一層深めることが出来ました。

新規就農

約2年かけ、新規就農するための準備を行い、平成26年に宮城県仙台市と大崎市で新規就農しました。翌年からは地元のNPOと連携して、高次脳機能障害という障がいのある方々と一緒に農作業を開始しています。

農園では、農作業を通して障がいのある方に生きがいや、やりがいを感じてもらうだけではなく、障がいのある人と健常者とが交流できるイベントにも取り組み始めました。

旬の野菜をお届けしています

障がいがある人も、ない人も、若い人も、高齢の人も、みんなが農作業を通して自分を変えるきっかけを作ることを目的とした「農みんプロジェクト」という活動を始め、平成28年度に初めてじゃがいもの植え付けや収穫体験を行い、収穫体験後には近くのレストランで食事をしながら皆さんで交流を図りました。このイベントで障がいのある方々は、健常者との密なコミュニケーションは少なかったものの、普段の農作業に比べて作業スピードが早くなったり、仕事に対するモチベーションが上がったり、中にはそれまで口数が少なかった人が、積極的にコミュニケーションを図るようになったりと、自分を変えるきっかけになったようです。

ソーシャルファームバレーせんだいプロジェクト

新規就農後、地域の若手農家やソーシャルファームに興味のある他業種の人たちと知り合うことが出来、農業を通して障がいのあるなしに関わらず、ヒトが何か変われるきっかけを作ること、ヒト同士がつながれ

第3章■すべての人は志を生きられる

ジャガイモ収穫体験イベント

るコミュニティーを創ることを目指し、「ソーシャルファームバレーせんだいプロジェクト」を立ち上げました。

そして、平成29年春には、自然農園MITUという会社を設立し、

① 小麦粉アレルギーのある方向けに小麦粉の代替となる穀物の生産、製粉、提供すること。
② 水田の転作作物として近年生産量が激減しているクワイを生産すること。
③ ソーシャルファームに賛同する農家と連携し、農産物の直販やマルシェ、農家と消費者が交流できるイベントの企画、開催すること。
④ジュースや惣菜等の加工品の製造をすること。

これらの4つを軸に、障がいのある方と農業を展開していきます。

これからソーシャルファーム活動を通して、さらに地域の農家や他業種との連携を広げ、障がいのある方が生きがいを感じる地域社会を目指していきます。

障害を持つ　→　障害のある　　に修正します。

7　福祉　①

すべての人間の価値がお互いに認められる社会へ　～障害者の施設製品を社会へ～

白根邦子 (しらね・くにこ)

一般社団法人 happy choice 代表理事
一新塾 30・32・34 期東京本科

●プロフィール
最初の就職は電気機器メーカー／障害者に対しての社会の矛盾を感じたことがきっかけで、障害者施設へ転職／ 2012 年一新塾入塾／「障害者が生きやすい社会へ」チームを立ち上げ／ 2013 年、一般社団法人 happy choice を設立／ 2016 年 2 月自然派日本酒「幸 SACHI」販売／ 2017 年 9 月松戸市で「石臼挽きそば 幸」（障害者が働く場）開業予定。

市民を生きる知恵　「救われていたのは自分だった」との気づき

　　　　　　自分がその人のために一生懸命尽くしたいと思っていながら、「実は救われていたのは自分の方だった」との高校時代を振り返られての白根さんの気づき。障害者の人たちへの計り知れない可能性へ、目が開かれた瞬間だったと思います。白根さんは語ります。「ある障害者の方は豚が大好きです。でもその人は、豚のふんを掃除することや豚に餌をやることは何もしません。ただ決まった時間に豚舎に行き、豚をなで話しかけるのです。愛情をかけよい環境で育てた豚はストレスがなく美味しい肉になります。このように少しだけ、その人の得意なことを見つけたり、既存の仕事のやり方を変えるだけで、良い仕事、価値のある仕事ができるのです」この思いがベースとなってプロジェクトが誕生しました。白根さんの意識の転換は、社会に浸透している価値観の転換につながっていきます。（森嶋）

現在、「すべての人間の価値がお互いに認められる社会へ」というビジョンを掲げ、施設で障害者が作る製品を社会へ普及させるべく、2013年に法人を設立し千葉県松戸市で活動をしています。

施設にいる人は「できない」障害者なのか？

現代は、生産性、効率性重視の社会です。その中で障害のある人は社会の中で生産性がなく、「かわいそうな人、守らなくてはいけない人、できない人……」と認識されています。それは障害者だけではなく、社会のレールから外れてしまった人たちにとっても、生きづらい社会となっています。

私は、団体を立ち上げる前、障害が重く、企業では働くことが難しい人たちの作業、そして生活面、医療面のケアを行いサポートする立場として、障害者施設で勤務していました。

そこで出会った利用者さん（施設に通っている障害者）の母親が「障害者の中でも、企業で働ける人は『できる障害者』、施設にいる人は『できない障害者』と思われていますよね。うちの子はできない障害者でしょうか？」と言いました。

自分の子どもが外で働けないことを嘆き、施設に通うことは生産性のない「できない障害者」と社会から見られてしまうと思っていたのです。「決してそんなことはない！」そう強く母親に言いました。なぜなら以前、私は彼らの存在に救われたからです。

引きこもりの私を外に出してくれた

高校3年生の時、私は真面目に勉学に励むことに疲れ、不登校、引きこもりになってしまったのです。大学受験を控え「学校に行かなければ」と思えば思うほど家から出られなくなりました。そんな私を見かねた母がこう言いました。「ちょっとは外に出なさい、近くにある障害者

施設でボランティアを募集していたよ」と、そこは重度の障害者施設でした。

ボランティアをする中で、「ここにいる障害者の存在価値は？ 社会での役割は？」私は疑問に思っていました。ある時、障害のある人たちが「引きこもり」の私を外に出してくれた、ということに気が付き、ハッとしました。

障害がある人たちに「何かをやってあげよう」と思っていたのに、逆に私が「救われて」いたのです。不登校になり、社会のレールを外れて絶望の淵にいた私を救ってくれた人たちを、心の底から「社会での役割」を持っている人たちだと思ったのです。そして私は、障害者福祉を学び、施設で働き始めました。

障害者Aさんとの出会い

施設で勤務していた時の忘れられないことがもう一つあります。

Aさんは、町工場で働いていましたが、動作が遅い彼は「遅い、できない、使えない」と工場長にいつも罵声を浴びせられ働いていました。私も含めAさんを支援している職員は「雇用してもらっているのだから仕方がない」と工場長に頭を下げていました。

しかし私は心の中で「彼が能力を発揮できる仕事は必ずある。Aさんや他の障害者が罵声を浴びながらやる仕事から脱却させなければいけない」との思いを心に秘め、悔しさの中で頭を下げることしかできませんでした。

間もなくAさんは工場をクビになりました。障害者が障害特性を生かし、社会で活躍し必要とされる働き方って何だろう？ 社会で働くことができない障害者が、社会で活躍する方法は何だろう？ 工場で「できない」と言われていたAさんは、他の施設へ入り農業の仕事をして、暑いときも寒いときもせっせと畑に出て土を耕します。よく耕された土に

は作物がたくさん実ります。そうしてAさんは「できる」農業生産者となったのです。

モヤモヤしながら一新塾へ

社会で障害者がもっと活躍することができたら……。明確な方法が分からず、モヤモヤした気持ちで一新塾へ入塾しました。

私は漠然とやりたいこと、解決したい社会の課題を話すと、それに賛同して「一緒にやろう！」と言ってくれた4人のメンバーとの出会いがありました。そしてこのメンバーと共に、自分が本当にやりたいこと、やるべきこと、自分しかできないことを、掘り下げ志を確信していきました。

そして、「しあわせ」は自分で「選ぶ」との思いを込めて、一般社団法人 happy choice を設立しました。

もっと売れればいいのにな〜

ある時Aさんが「僕たちの作った米や野菜がもっと売れればいいのにな〜」と言いました。私は、彼らが作っている良い物をもっと多くの人に手に取ってほしいと思っています。それは「障害がある人が作った」という同情混じりの気持ちで買うのではなく「良いもの」だから買ってほしいと思っているのです。

障害者就労移行施設「NPO法人ジョブファーム」の皆さん

しかし、それが良いものとはなかなか知られていないのが残念で仕方ありません。だか

ら、「誰が見ても本当に良いと思ってもらえるものを作りたい」そう思いました。

無農薬酒米で、最高の日本酒造りに挑戦

2015年、私たちは手間がかかる無農薬酒米で、最高の日本酒造りに挑戦する決意しました。障害があっても最高の生産者になれる。それを証明するために、自ら作った最高級の素材で最高の日本酒を造る！　障害を抱えた人たちと共に作る最高の日本酒です。

千葉県大網白里市にある、障害者就労移行施設「NPO法人ジョブファーム」代表の高橋さんは、私の話に真剣に耳を傾けてくれました。彼は「施設でつくる良い無農薬米で、良い日本酒

自然派日本酒「幸SACHI」

が造れる。上質の酒米を作り、上質の日本酒を一緒につくりましょう」と言ってくれ、共に無農薬酒米栽培を行ったのです。

日本酒の材料となる酒米は、上質な酒ができる「五百万石」と呼ばれる品種です。千葉県で、それも無農薬で五百万石酒米の品種を作ることは、実はかなり難しいのではないかと思っていました。というのも、五百万石は本来「北陸地方」にできる品種ですから。しかしジョブファームの人たちは、無農薬で五百万石酒米を作り「最高の生産者を目指したい」と挑戦してくれました。

4月、種モミは農薬を使わずお湯で殺菌します。7、8月の暑い時期は雑草との戦いです。そして8月下旬、いよいよ稲刈り。収穫量900kg目標でしたが、なんと1100kg収穫できました。そして米の良し悪しを決める等級検査では最高の「特等」だったのです！　皆は手をたたいて喜びました。

次に、その酒米で日本酒を造ってくれる酒造を探し回って、ようやく

巡り合ったのが千葉県大原にある木戸泉酒造でした。「うまい日本酒を造りましょう」と団結し、最高の無農薬、無化学肥料酒米で日本酒造りを始めました。

2016年「障害があっても最高の生産者となり、活躍できる社会」が実現できることを証明すべく、720ml、2000本の「自然派日本酒」を造り上げ販売しました。

できあがった日本酒は「幸SACHI」

飲んだ全ての人が幸せになれるよう「幸SACHI」と名付けました。ラベルの素材は、東京都世田谷区で藍染を本格的に行っている障害者施設「藍工房」の藍染を使います。日本酒ラベルから日本伝統文化を発信していきます。

2016年2月、自然派日本酒「幸SACHI」が販売されて、多くの人が手に取ってくれました。「障害者がつくったから」ではなく「美味しいから」お客さまは買うのです。その美味しい物をつくった生産者は障害のある人たちなのです。そして施設で働く障害者が活躍する社会へと開かれていきます。

更なる挑戦 「手打ちそばと日本酒の店」

2017年9月、障害者の雇用の場として、松戸市で障害を持った人が、「そば打ち職人」として働くおそばと日本酒の美味しい店が開業します。「すべての人間の価値がお互いに認められる社会」の実現に向け、日々、奮闘中です。

おそばを打つ白根さん

1 福祉 ②

知的・発達障害児と関わる人が
ともに学び合う、「両育」のある社会へ

重光喬之（しげみつ・たかゆき）

NPO法人両育わーるどファウンダー
feese運営責任者
一新塾27・29期東京本科

●プロフィール

10代後半から障害福祉のボランティアをはじめる／20代半ばまで作曲とライブ活動／20代後半から民間企業2社に勤める／この間に、脳脊髄液減少症を発症／2度の退職と3年間の寝たきりを経験する／30歳で一新塾27期に入塾、「療育は両育プロジェクト」を立ち上げ、その後、NPO法人両育わーるど設立／当事者ライターとして同病者とのやりとりを経て、非交流型情報共有サービス「feese.jp」を立ち上げる。

市民を生きる知恵

人と人の向き合いの原点

接する人全てに気を遣い、感情を抑え、人との付き合いも表面的だった重光さんが、他者との関わりに積極的になり、人の成長に喜びを見出すようになり、なにより人が好きになった理由。それが、ボランティアで知的障害児と向き合うようになったことでした。「彼らとの関わりには、人と人の向き合いの原点がある」彼らの自立のための療育が、実は支援する立場のこちらにもかけがえのない気づきを与えてくれていたのです。自分の内にある先入観から自由になりました。一新塾の仲間と共に障害の有無を越え、人々がともに学び合う「療育は両育」プロジェクトが2011年2月に立ち上がりました。そして、重光さんには、もう一つのミッションがあります。脳脊髄液減少症を発症された重光さんが同病者とのやり取りを経て、非交流からはじめる情報共有サービス「feese.jp」を立ち上げられました。──ご自身の病とも闘いながら多様な生き方が共存できる社会実現を目指しています。（森嶋）

ボランティア≒偽善

20代半ばまでは、自分のやりたいことだけをやる日々を過ごし、対人関係では、自己防衛のため全ての関わる人に気を遣い、自分の感情を抑えながら生きていました。若い頃の音楽イベント運営では、集客や収支にといった数字にだけ目が行き、仲間に働きかけることもせず、「なぜ、スタッフは動かないのだろう」と不満に思うだけでした。仕事でも、自分の成績を上げることだけが目標であり、仕事そのものの社会的な意義も分からなくなっていきました。

そんな私でしたが、バンドの相方に誘われ始めた、知的障害児・者の育成施設との関わりは、今年で二十年弱になります。当初の私は、「ボランティア≒偽善」という先入観を持ち、福祉や障害について考えたこともありませんでした。

一新塾の仲間とプロジェクト立ち上げ

2社目の職場では、裁量権のある大きな案件を任され、そこでの経験が後の福祉施設の支援事業に役立つことになりました。反面、すでに脳脊髄液減少症を発症していた身体は激務について行けず、今まで出来ていたことが出来なくなったことへのストレスで、髪の大半が抜けました。それから治療のためにしばらく休職をしましたが、リーマンショックの時期と重なり、復帰できずそのまま自主退職をしました。

このとき、社会情勢により自分だけでなく、多くの社員の人生がいとも簡単に左右されることに疑問を抱きました。これらがきっかけとなり、また、それまでの経験を生かし、ITを活用した環境関連の起業を視野に入れ、一新塾に入塾しました。入塾後、自らの根っこを掘り下げていくことで、私はこれまで福祉現場で多くを学び、その魅力と、同時に多くの「もったいない」に気がついていることを自覚しました。入塾から1ヵ

両育イベントスタッフ

月ほど経つと、取り組むテーマは環境分野から福祉分野へと大きく方向転換しました。

そして、一新塾の仲間とプロジェクトを立ち上げ、メンバーとともに、何度も現場に足を運びました。現場関係者とのやり取りから、福祉現場は自ら閉じた環境であることを自覚し、外との交流を望んでいることを知り、そこへ役割を果たすことを期待されました。

声無き抗議の頭突きを受けて

放課後の育成施設(現在の放課後等デイサービス)で出会ったAくんは特別支援学校に通う小学校中学年の自閉症がある男の子でした。通所して療育を積み重ねていくと、次第に集団生活に慣れ、他者との関わりの中で、自分の行動を制御できるようになってきていました。その頃の私は、もっと成長できるように、「世の中には思い通りにならないこともあるんだよ」と私は少し怖いお兄さんを演じ、指導的な関わりを押し付けていました。

そんなときに事件が起こりました。ある日、A君と一緒に駅で他の児童を待っていたとき、彼は常同行動(同じ動作や行為を逃避や遊び等のため何度も繰り返し行うこと)を始めました。付き添っていた私は「我慢しなさい」と伝え、「お兄さんでしょ！ しっかり立って待ちなさい」と追い打ちをかけました。すると突然、彼から頭突きをされたのです。そのときの痛みは今でも忘れられません。

駅でのあの時間、A君は、頭の中では、音が騒音のようにあふれ、耳に入ってくる音の取捨選択が難しく、不快な多くの刺激から逃れたいと

感じていたはずです。しかし、その苦痛を表出できず、一緒にいる私に理解してもらえるどころか我慢を強いられ、「なぜ僕の行動を勝手に止めるの。苦しいからこうしているんだよ」と私に伝えたかったのでしょう。Aくんの精一杯の声なき抗議の頭突きは、その苦しさに思いをはせ、寄り添うことの大切さを私に気づかせてくれました。

それからは、彼らの不安を探り、少しでも安心できる存在でありたいと心掛けるようになりました。後日、A君が常同行動にふけっているときには、「何か我慢できないことがあるんだね」と気持ちに寄り添うことでAくんは落ち着きを取り戻すことができました。このとき、「思いは伝わる」ことを実感しました。

さらに今の私にとって、脳脊髄液減少症の痛みを24時間365日抱え、痛みそのものだけでなく、痛みによる苦しみを周囲になかなか理解してもらえない辛さと、あのときのAくんの辛さが重なり、より深い理解につながっているのだと振り返っています。

療育から生まれた両育

Aくんとの事件は象徴的ですが、彼らの育成のための「療育」の現場では、日々の関わりの一つひとつが、結果的に私にも学びと気づきの機会を与えてくれます。これを私たちは実感ベースの造語として「両育」と呼んでいます。施設長の言葉を借りると「彼らとの関わりには、人と人の向き合いの原点がある」といいます。

私の場合、彼らとの関わりによって自分自身が「『自己防衛のための気遣い』から『相手との関係をより深めるための気配り』」へ、「『画一的な対応』から『相手毎の個にあわせた対応』」に変化しました。これが私にとっての『両育』です。

日常での他者への緊張や警戒が薄れ、人とのコミュニケーションが気楽で楽しいものとなりました。なによりも相手をもっと知りたい、理解

したいと人に関心が持てるようになり、さらには「人嫌い」から「本当は人のことが好きだけど、それを認めたくなかった自分」に気がつきました。

療育を取り巻く社会の現状とビジョン

2012年には児童福祉法が改正され、子供たちの放課後の育成現場の報酬単価が見直され、民間施設の参入もはじまりました。経営効率や競争力に重きを置いた施設が増える一方で、サービス提供（≒人件費）に力を入れる施設ほど経営が厳しい現状があります。、

私たちは、知的・発達障害児・者と関わる人がともに学び合える社会の実現を目指し活動しています。また、他者との関わりを見つめ直すことで、家庭・学校・職場・地域内での人の交流が活性化しコミュニティが形成されると考えています。

NPO法人両育わーるど設立

療育は両育イベントにて

「療育は両育」プロジェクト立ち上げの翌年に、療育施設の後押しを通じた児童の育成環境を目的にNPO法人両育わーるどを立ち上げました。当初は、制度移行に伴う施設開設の支援や療育を実施するための人材の発掘や、業務効率の改善などの施設課題の解決とともに、両育体験プログラムも進めさせてもらいました。

第3章■すべての人は志を生きられる

イベントスタッフ

多様な人が関わる開けた福祉を実現することで、志ある人材との出会いを生み、企業と関わり職員の対人スキルや業務効率が向上し、家庭・学校・施設との連携が強化され、最終的には児童の育成の環境向上につながります。そのために、私たちの役割は、「福祉現場と社会・企業の接点を増やす」ことにあると、数年を経て改めて気づきました。

去年から、児童が通う療育の場へ、これまで福祉に縁のない企業で働く人たちが、支援員とともに育成に関わりながら、コミュニケーションをキーワードに相互に学び合う、両育体験プログラムをコアコンテンツに社会実験を再スタートしました。現制度では、サービスの質よりも要件を基準に給付する仕組みなので、上記プログラムをもとに質の高いサービス提供をするほど、施設へ人もお金も集まるロールモデルを作り、追加サービスに応じた追加報酬の上乗せを政策へ落とし込むことが目標です。例えば、個別指導や外部の専門家の療育、保護者や学校などへのスーパーバイズ、外部講師としての民間との交流など、現場の声を聞きながら形にしていきます。

また、多くの方にとって縁遠い、障害福祉との距離を縮めるためにthinkuniversal.と題して、「知らないことを知る」のきっかけを作り、「人と人、障害の垣根」をじわじわと解消していく体験型の理解啓発の取り組みを進めています。

障害福祉と希少疾患の場から寛容さと多様な生き方が共存できる社会の実現に向けて、仲間とともに役割分担をしながら少しでも前へと、進み続けていきます。

8 介護　①

オムソーリ・プロジェクト
~認知症から家族を守る、分かち合い社会の実現

齋藤 哲 (さいとう・あきら)

オムソーリ・プロジェクト代表
会社員
一新塾 27・32・34 期東京本科

●プロフィール
32歳のとき、父親が前頭側頭型認知症と診断される。父親に最期まで人間らしく時を過ごせる社会にすると決意し、一新塾に参加。「オムソーリ・プロジェクト」を立ち上げ、生まれ育った浦安市で認知症カフェを主催。認知症をはじめ、ハンディキャップがあっても社会の理解があり、安心して暮らせる社会をビジョンに掲げ活動中。

市民を生きる知恵

悲しみの分かち合い

齋藤さんは、高校から極真空手の道場に通い外国人や世代の違う大人たちとの交流がありました。大学卒業後、金融会社に入社。前・松阪市長の山中光茂さんの「キレイ事を言い続けるということ」というレポートに影響を受け、海外ボランティアに。ベトナムのツーズー病院で枯葉剤の後遺症で苦しむ子どもたち、エイズ孤児院のこどもたちと一緒に過ごされます。それまであった障害者と言われる人への抵抗感がなくなったそうです。2013年に父が認知症と判明し、認知症の背後の問題を知った時、自分がなんとかしなければという思いに駆られ、改めて、32期生として一新塾に入塾。「認知症から家族を守る、分かち合い社会の実現」を目指し「オムソーリ（悲しみの分かち合い）プロジェクト」を立ち上げ、浦安市にいち早く認知症カフェをオープンすることになりました。分かち合うのは喜びだけでなく、悲しみも。新しい時代の哲学です。（森嶋）

> 「オムソーリ」とは、スウェーデン語で「悲しみの分かち合い」を意味する言葉です。家族任せの介護から、地域の人や介護のプロと分かち合う社会へ。そんな想いを込めてプロジェクトの名称としました。

他人事ではなかった、認知症

父が「前頭側頭型認知症」と医師に診断され「認知症の中でも、家族が最も大変なタイプの認知症です」と告げられました。初めて聞く病名でした。認知症？ 何も分からない。「とにかく病気について知ろう」、そう思い、認知症について書かれた本を読みました。

「理性を司る前頭葉の機能低下が起こり、人が変わったように羞恥心や自制心がなくなり、反社会的な行動を起こす」、認知症について詳しく書かれた分厚い本。2ページしか割かれていない「前頭側頭型認知症」についての解説、その最後の一文に絶望しました。「進行を止めたり治したりする治療法はまだありません」と。父との時間はもう戻らない。全く違う人だと思っていかなければならない。そう考えると涙が止まりませんでした。

自分で治療法を考え、治そう

自分が考え出した解決策は、「この病気の治療法を見つけ、父の病気を治す」ということだった。なぜ父がこの認知症になってしまったのか？ どうして前頭葉、側頭葉の機能低下が起こるのか？医療の世界でもまだ分かっていない答えに、無謀にぶつかろうとし、また絶望した。仮に誰かが治療法を見つけたところで、そのときにはもう父は亡くなっているだろう。「どうせ間に合わない」当時の私は全く冷静に考えることができなくなっていました。

一新塾へ

そんな絶望の最中に飛び込んできた一新塾からの塾生案内メール。自分を救う道はここしかない、そう直感しました。27期では参加しながらも、自分の都合で最後まで通いきれずに中途半端にしてしまっており、自分自身の「志」も見つけきれなかったのです。

「今しかない、ここしかない！」「治療法を見つける」という無謀な解決策ではなく、「父の病気を受け入れ、新たな解決策を見出して行こう」と心に決め、一新塾に32期生として再度参加しました。

一新塾に入塾した当時、認知症患者は日本全国で462万人と推計され、話題になり始めていました。私と家族が直面した困難な家庭環境に、それだけ多くの人たちが苦しんでいるのです。高齢化がますます進んでいく日本。それに伴い認知症の方も増加していき、認知症の人だらけになってしまう将来の日本を想像し、ぞっとしました。認知症の介護を全て家族任せにしていては、日本社会は成り立たなくなってしまいます。

オムソーリ・プロジェクト立上げ

父の病名が分かってからも家族の困難は続きました。70歳を過ぎたばかりの父の体は元気で病識もありません。家族が行動を制限しようとすると、必ずと言っていいほど衝突しました。

病名が分かったからといってすぐに介護保険のサービスが使えるわけではないし、介護認定を受けるまでの期間はどうすることもできませんでした。認定が下りてからも、介護保険のサービスの利用を試みますが、父は言葉巧みに職員を振り切って帰って来てしまいます。家族は「仕事を辞めて24時間付き添うしかないのか」と感じながら生活していました。しかし、24時間寄り添い続けることは体力的にも不可能です。仕事を辞めれば収入も途絶えてしまうし、医療も介護もあてにできない状態でし

第3章■すべての人は志を生きられる

一新塾の同志とオムソーリ・カフェの参加者

たが、仕事を辞めることもできず、父を一人置いておくことしかできませんでした。

どうしたらよいかわからない中、一冊の良書に出合いました。『寝たきり老人のいる国いない国』(大熊由紀子著)です。1980年代の取材を元に書かれたその本には、日本の尊厳の失われた悲惨な介護と、北欧諸国の本人の意思を尊重した介護の姿が詳細に書かれていました。30年以上前の話にも関わらず、本人の意思尊重の点では現在の日本よりもはるかに進んでいる印象を受けました。

それまでは日本の介護は何の役にも立たないと絶望していましたが、この本との出合いが、日本の介護の環境はまだまだ良くすることができる！「未来の介護を創る」という発想に転換するきっかけになりました。

オムソーリ・カフェをオープン

入塾から3カ月。何とか2人の一新塾のメンバーとともにプロジェクトが立ち上がりました。社会人としての経験は積んでいるものの、全員が認知症については全くの素人で、まずは学ぶことからスタートしました。その過程で出合ったのが『認知症カフェ』でした。どうやら目黒区に1カ所だけあるらしい。さっそく学びのために向かった現場視察先の体験は忘れられないものになりました。

勉強しにいったつもりが、介護の先輩に囲まれていると、自然と自分

オムソーリカフェのチラシ

の家庭環境や悩みが口からポロッとこぼれていました。気が付けば一通りの悩み相談を終え、気持ちも楽になっていたのです。

同じ経験をした人だからこそ、何でも話すことができ、何かを強制されることもなく、自然な形で会話を楽しみ、そして認知症の情報を得られて気持ちも楽になりました。

私の住む浦安市にもこんな場所を創りたい！　そんな思いで、浦安市内の古民家を借りて『オムソーリ・カフェ』をスタートしました。

最初はただ、父の居場所をつくりたかった

定年後も趣味の写真を撮りに行ったり、散策をしたりと穏やかな暮らしをしていた父。この病気さえなければ、もう少し老後の人生を謳歌できただろうに。この病気のせいで、家族もしんどい思いをし、父を追い詰め、父の行動を制限せざるを得なくなったのです。

何とかして、地域に父の居場所を、人と交流が持てる場所をつくりたかった。そして私自身も救われたかったのです。

オムソーリ・カフェは、平日働く介護者でも参加できるよう、土日に開催することにしました。浦安市にも認知症の家族会がありましたが、平日の日中のため参加できなかった苦い思いがあったからです。場所を借りた古民家はとても落ち着いた環境で、介護する家族だけではなく、認知症の方もくつろいでもらえる温かみのある場所です。今では場所を喫茶店のレンタル・ルームに移し、月1回の開催を続けています。

介護する家族だけでなく、介護業界、医療業界、司法書士事務所、政治家の方など、本当に多様な方々に参加いただいています。

第3章■すべての人は志を生きられる

介護家族だけでは答えられない難しい問題も、プロからのアドバイスをもらうこともできるし、また、ケア・マネージャーなど、関係性があると相談しにくいことも、第三者だからと積極的にお話いただける方もいます。

認知症カフェ連絡会

オムソーリ・カフェを立ち上げたころ、認知症カフェは千葉県全体を見回してもほとんどありませんでした。カフェを立ち上げてから半年ほ

オムソーリ・カフェでアットホームな語らいが続く

どの間、自分たちも認知症カフェを立ち上げると、視察に来てくれる方の参加が増えました。

4年続けるうちに、何とか自分の介護経験を他の人の役に立てたいと、運営をサポートしてくれるメンバーもたくさん生まれました。今では、その頃に出会ったメンバーで、千葉県の認知症カフェ連絡会、情報交換会を開催しています。各団体のメンバーはみな主体的です。運営の悩みや工夫の共有から始まった会でしたが、今では行政も招き、100名規模の情報交換会の開催、認知症カフェMAPの作成、千葉県認知症カフェの一覧作成とさまざまな事業に取り組んでいます。自分が志を立てたことで、いろいろな地域の有志とも多く出会う事ができたし、浦安市でも行政と連携し、認知症カフェ連絡会ができて活動も進めています。

8 介護 ②

絶対やりたくないと思っていたことが
生きるテーマに

佐藤秀雄 (さとう・ひでお)

株式会社スタイリッシュハウス代表取締役
一新塾 28 期東京本科

●プロフィール

栃木県足利市在住／1996 年に 1 つ目の会社を創業。現在までに、住宅販売、ガス設備、土木、介護、コンサルティングなどを主体とする 4 つの会社と「世のため人のため！」をモットーとする NPO 法人スタイリッシュライフからなるスタイリッシュグループ代表を務めている／2011 年、一新塾入塾。2012 年、年中無休の小規模デイサービスを開業／2017 年 4 月より KRC 乗馬クラブの経営に参画。7 月には足利とハワイの文化交流を目的に「足利銘仙アロハプロジェクト」をスタートし、新たな地域社会への貢献策にチャレンジしている。一新塾講師。

試練は贈り物

市民を生きる知恵

　佐藤さんは卒塾式のプレゼンテーションで、高齢者施設に自給自足農園とコミュニティカフェが併設される「ふれあいの広場」を創造するビジョンを語りました。ずっと蓋をしていた母親への思いを語られました。そして、半年後には、高齢者施設「24時間365日営業のお泊まりサービス付きのデイサービス」をスピードオープン。第一歩を踏み出しました。

　佐藤さんが、卒塾直後にお伝えいただいたお言葉。

　「不思議なもので、過去の自分の人生の中で最も辛いと感じた『母の介護』。記憶から遠ざけていたものが、今後の自分の『生き甲斐』に関係して来てしまいました。私のこれまでのビジネス経験や人生経験は、このためにあったのかと思う感じです」もっとも避けたいと思っていたことが、本当は一番やりたかったことだったという、人生の深さを思わずにはいられませんでした。（森嶋）

ひと昔前の私

　ひと昔前の私は「お金持ちになりたい」「大きな家に住みたい」「セミリタイアして、遊んで暮らしたい」自分の「欲望」を満たすこと、それが、人生の目標になっていました。当時の私は「コンプレックスの塊」だったと思います。

　それには、こんな経験があったからだと思います…。私の父は、人に頼まれると、イヤと言えない人でした。一体何人の人にお金を貸していたのだろう。何人の保証人になって失敗したのだろう。

　「人が良すぎる!?」父を知る誰もが言う言葉でした。困ったのは、人に貸している何倍もの借金があったことです。そのため、我が家は、お金に関するトラブルだらけ！　いくつもの銀行に借入れを断わられ、何度もお金に叩きのめされては、自分の無力さを痛感していました。

　また、私は幼い頃から、母とまともな会話をした記憶がありません。母は、今で言う「若年性痴呆症」とか、「統合失調症」といった病気でした。ですから、母親の愛情を感じることはありませんでした。こんなことが、私の深層心理にあり、コンプレックスの塊になっていったのだと思います。そんな私でしたが、コンプレックスをバネに、28歳で創業した会社は、好業績！　スタッフにも恵まれ、夢に一歩一歩、近づいていました。

本当に人生で大切なもの

　そんなある日、私は脳梗塞で倒れてしまいます。　三日三晩、集中治療室で、生死の境を彷徨いました。

　「もう、俺は死んでしまうのかも知れない？」「次の瞬間もう、この世にいないかも知れない」しかし、不思議と、恐怖はありませんでした。

「自分が死んだら、家族や会社はどうなってしまうのだろう」もしもに備えて、多額の保険に入っていたことだけが、救いに思えました。

その時、思ったこと。それは、今まで追い求めていた、「お金や地位なんて、くだらない！」「本当に人生で大切なのは、家族、仲間、友の存在である」そう気づきました

生き残った私は、人生観が変わっていました。「人に喜ばれる生き方をしたい！」この時の想いが、一新塾から始まった、プロジェクトの原点になっています。

さっそく行動

私達が、社会の現状として問題視したのは、少子高齢化、労働人口の減少です。「根本原因」や「解決策」を見つけるために、さっそく行動を起こしました。

まず、足利市を中心にさまざまな場所を視察しました。256名の方へのアンケートや、多数の有識者との、インタビューを実施しました。さらに、シンポジュウムや、意見交換会を開催し、次第に自分達が取組むべきテーマが、浮き彫りになって来ました。

それは「高齢者世帯のお困りごと」「生甲斐や雇用の創出」「低価格な高齢者施設の不足」でした。このことを踏まえた上で、私たちが取組む地域活性化のコンセプトを「三世代交流の場をつくること」「コミュニティの創出」と、方向性を定めました。

介護する人も、される人も、楽しめる場所

まず、高齢者専用住宅の運営です。私が経営する建設会社の「ローコスト住宅」のノウハウを施設づくりに応用し、「低価格で高品質な介護サービス」を提供する施設を運営します。

第3章 ■すべての人は志を生きられる

24時間年中無休のデイサービスの前で、
佐藤さんと宮澤専務

また、「自給自足農園」と「自然食のコミュニティカフェ」を併設します。農園での収穫や、イベントを通じ、世代を超えた交流の場所にします。採れた野菜はカフェで調理し、施設の食事にも使っていきたいと考えています。それは「介護する人も、される人も、楽しめる場所」であり「お子さんと、お母さんが一日中安心して遊べる場所」です。

痴呆症を患い、車椅子の生活だった母と、私のような境遇の人でも、人目を気にせずに楽しめる、そんな「ふれあいの広場」です。

ここを中心に、市民の手で、コミュニティをつくり、雇用を生み、地域活性化の一助になっていきたいと思っています。

現在は、地域に1つしかない「24時間365日 お泊まりサービス付きのデイサービス」から、一歩を踏み出しました。

試練は、贈り物

一新塾で、プロジェクト活動をしていくうち、私にはある思いが込み上げて来ました。それは「母親の愛情を知らずに育った」という、自分の間違った思い込みに気づいたのです。

私は、母親の愛情を感じることなく育ったと思っていました。しかし、振り返ってみると、母は、どんなに痴呆が進行しても、私の名前を間違えることは一度もありませんでした。

「ふれあい広場」のビジョン図

　小学生の時は、母には授業参観も、運動会にも絶対に来て欲しくありませんでした。独り言を言って、いつ大声を出し始めるか、分からないからです。そのため、通知が来ると、いつも隠していました。しかし、気がつくと、いつも遠くから私を見ていました。

　母にとっては、それが唯一の愛情表現だったのだと思います。今考えると、言葉ではなく、その行動から、私を愛していてくれたことは、伝わっていました。このことに気づいたのです。

　そして、借金ばかり残していった父に対しての怒りも、自分の未熟さゆえだと気づきました。「本当は父が好きでした」大好きな父だからこそ、子供の頃感じていた、頼りがいのある姿を消したくなかった。情けない姿を見たくなかったのだと、気づきました。

　当時の私には厳しい生活の中、養ってくれた父に、感謝する気持ちがありませんでした。お金に関することも何分の一かは、私を進学させるために必要なお金だったと思います。

　入退院を繰り返す母にも、だいぶお金がかかっていたと思います。私だったら耐えられない状況だった。それでも一言も言い訳せず、黙々と仕事する男らしい父だったと、感じました。

　今思うと私の「お金に関する経験」は、すべて父から受けた「教育」だったのだと思います。現在の自分があるのは、父のお陰だと感謝するようになりました。振り返ってみると、「ドン底」に落ちた最悪の状況が、いつも人の温かさや、愛を教えてくれました。

　「試練」と真正面から向き合うことで、いつも、新たなステージが見えて来ました。そう言った意味では、「試練は、贈り物」といえるかも

知れません。

一新塾に飛び込んだ理由

こんな、思いの変遷をたどり、プロジェクトは、予想外に、過去の自分と、同じ境遇の人たちを救うことが使命となっていました。

不思議と「自分の人生」と「社会の問題点」がリンクしていったのです。

足利市・太田市などで行っている まちづくりイベント

そして、全く考えたこともなかった「介護」と「農業」がテーマになりました。

また、私たちは活動を通じ、多くの社会起業家の方々と出会いました。どの方も、すばらしいビジョンを語ります。しかし、一方では「資金が続かない」といった現実もお聞きしました。私は、社会貢献活動も、株式会社でも、生き残っていく条件は同じ！　人々の痛みを解決しながらも、雇用を生み出し、経済も回していくような仕組みが、不可欠であると感じました。

こんな答えに出会えたのも、一新塾で学び、「世のため、人のため」という純粋な想いで、本気で活動している仲間たちとの出会いがあったお陰です。私は一新塾に「人生の目的と出会うため」に飛び込みました。そして、新たな使命と出会うことが出来ました。私にとって　一新塾での経験は心の糧であり、誇りとなっています！

8 介護 ③

介護予防体操で、高齢社会に挑む

本多慶吉（ほんだ・けいきち）

NPO法人生き活き元気塾 代表理事・塾長
健康運動指導士　精神保健福祉士
一新塾 15・17 期東京本科

●プロフィール
大手スポーツクラブでインストラクターとして約10年／その後、メンタルクリニックで働きながら精神保健福祉士を取得／後に健康運動指導士も取得／2004年一新塾入塾／2006年にNPO法人生き活き元気塾設立／心と身体の両面から健康指導プログラムを提供／企業のメンタルヘルス研修講師も行う／生き活き脳活倶楽部」展開中／TBSテレビ「はなまるマーケット」出演。

市民を生きる知恵

原点に立ち戻る

　本多さんはスポーツクラブのインストラクターをやめた後、重度の認知症介護デイケアで働くことになり、そこで遭遇したのは、凄まじい家族の介護現場の体験でした。

　初めて接する認知症の患者さんにも驚いたそうですが、それ以上に介護する家族の疲弊した姿に、大変ショックを受けたそうです。要介護者は、もちろん大切。同様に、介護・看護する側の健康問題も大切。本多さんの内から、「このような問題が起きる前に出来るだけ未然に防ぎたい！」との思いが湧き上ります。「では私に何ができるのか？」こうして、思いを行動に移した本多さん。「元気で楽しく、健康的に長生きのできる高齢社会」実現に向けて、NPO法人生き活き元気塾を起業されました。そして、この原体験が、壁にぶつかった時に常に立ち戻る原点となりました。立ち戻る原点があるからこそ、未来に挑んでゆけます。（森嶋）

地域で楽しく健康的に生きる

「NPO法人生き活き元気塾」は10年を迎えます。「元気で楽しく健康的に長生きの出来る、地域社会、高齢社会の実現」を目指して活動しています。認知症予防、転倒予防、笑いコミュニケーションを主とした体力づくりの脳活コミュニティ、生き活き脳活倶楽部を各地域に展開しています。

現在、地元江東区では深川森下と北砂の教室にて、地域にお住いの元気な高齢者が脳活普及員として、主体的に地域の方たちを結びつけて広がっています。特にお一人暮らしの方が誘われて脳活倶楽部に参加することにより、普段なかなか取れないコミュニケーションを取ること、身体を動かすことにより、心身が健康になり予防につながっていきます。また、参加メンバーが生活の中で一緒に歩いたりするウォーキングの仲間ができたり、隣の町会の方と知り合って会話が生まれ、新たなつながりが生まれています。このように人と人とが生き生きと自分の人生を育った地域で楽しく健康的に生きることができます。

これまでの人生

私の子供の頃は、人が楽しんでくれる、笑ってくれることが大好きで、よくモノマネをしてクラスの皆や先生を笑わせておりました。大学生の頃は教師を目指していて、子供たちを対象としたボランティアで、乗馬の野外キャンプにリーダーとして4年間参加。モノマネも生かした笑いコミュニケーションを学んでいきました。

卒業後は運動をしてきたこと、スイミングスクールでのバイト、兄がボディビルをやっていたこと、そして野外キャンプの経験を積んでいたことで大手のスポーツクラブに入社。約10年フィットネス・インストラクターとして0歳からお年寄りまで運動指導をしておりました。健康運

動指導のプロフェッショナルとして、より良い指導法や施設の管理、サービスを追求しながらプラス思考120％で働いておりました。しかし、仕事の大事な時期にアキレス腱を切って入院。復帰はしたものの退社をいたしました。

その後、夜間で精神保健福祉士の資格の勉強をしながら、日中はメンタルクリニックで重度の認知症のデイケアに勤務していました。初めての医療、介護の仕事は、驚きの連続でとても精神的に疲れましたが、次第に仕事も覚えて認知症の患者さんたちとの交流が増えていきました。

悲痛な叫び

私は、1999年から携わった重度の認知症患者のデイケアの介護現場で凄まじい体験をしました。その頃、デイケアで往診の仕事があり、家庭訪問をした後に病院に一旦戻り、一人で再び家庭に伺ってお薬を届ける業務がありました。

ある家庭にご訪問したときに、マンションのお部屋のドアから出てくるやいなや、お義父様を介護しているお嫁さんが悲痛な叫びで「先生！助けてください！　どうしたらい

生き活き元気塾イベントにて

いのかわからないんです、もう助けてください！」と白衣も着ていない普段着の私を医者と間違えるほどパニックになっていて、いきなりがっしっと手を強く握りしめられて懇願されたのです。その現場は何とか収めましたが、私はとてもショックを受けて、帰り道、車の運転をしながら強く握られた手が震えてきて、老々介護による虐待や無理心中などの事件が増える、大変な世の中になっていく事を想像しました。

私はこの出来事が忘れられず、疲弊逼迫（ひへいひっぱく）している介護者の現状、超高齢社会になっていく現状に、とても強く関心を持つようになりました。

「NPO法人生き活き元気塾」を設立

いきいき脳活講座で語る本多さん

そして、起業の準備を始め仲間を求めて、2004年11月、一新塾15期生として入塾。入塾してすぐに行われた研修合宿で真剣にこの問題に対して向き合い、自分を振り返ったときに、「私に出来ることは何だろう」と考えたのです。年齢もバックグラウンドも幅広い方たちとの議論の中で、この介護現場での体験が私の根っこであり、揺るぎない原点であることをしっかり刻むことができました。

チームプロジェクト活動では、メンバーと共に現場視察で広島県の介護予防教室や長野県の地域医療を訪れて元気な高齢者と携わったり、実際に介護予防教室を開催してアンケートを取ったり、Plan-Do-Seeを回し、フィードバックを頂きました。結果、元気シニアを対象にいつまでも生き生き元気で、楽しく沢山の幸せを感じられて健康的に長きが出来る人生を歩める人たちを一人でも多くつくりたい、そのようなコミュニティをつくりたいと決めました。それにより家族が笑顔でいられ、家庭の医療費や介護費を少しでも抑えられ、そのような家庭が増えれば地域や国の医療費、介護費用の削減へとつながっていくことも信じて。

卒塾後の2006年に、仲間と「NPO法人生き活き元気塾」を設立します。設立当初の生き活き元気塾では、介護保険適用ではない元気高齢者を対象とした独自の介護予防体操教室を運営してきましたが、いろ

いろ試行錯誤している中で、5年前に改めて根っこを見つめ直した時に原点に立ち戻りました。それはまぎれもない自分自身が体験した認知症デイケアでの凄まじい現場体験でした。その後は、より認知症予防に特化した活動にシフトすることにして、「生き活き脳活倶楽部」(認知症予防教室) を展開していきました。すると、この5年で急速に教室数が増えていきました。

父親と母親の介護

また、一昨年、15年前の脳卒中から認知症に移行した父親の介護と癌の末期で終末を在宅で母親の介護を同時に行いまして、昨年2月に母親を看取りました。一気に訪れたダブルの慣れない介護は、とても辛く悲しく、凄まじい心身への負担でした。サラリーマンでしたら到底出来ないものでした。周りから多大な協力をいただきながら、皮肉にも脱サラして自営という環境だからこそ出来た事でした。状況を話したことのある知り合いの臨床心理士さんからは、「よくうつ病にならなかったね」と驚かれました。

生き活き元気塾のボール体操

介護の仕事や、一新塾での学んだこと、精神科の非常勤で働いたなどの経験や、仕事である認知症予防教室を通して、定期的に自分を俯瞰して見ることができたので、メンタルバランスを取ることが出来たのかもしれません。

母が亡くなった後、父は現在グループホームに入所いたしました。ホームの中では殆ど動きませんので、定期的に訪れて外に連れ出して歩

かせています。
　この在宅での介護や経験や母を看取り、亡くした悲しみは、更に自分のこの活動の必要性、存在の意義を高めました。父の認知症の原因は生活習慣病によるものです。しなくてもよい怪我、しなくてもよかった病気を減らして、この長寿社会に「ご自分の寿命に健康寿命を近づける」お手伝いをしていきたいです。

今後は

　地域包括支援センターと連携を取りながら、生活支援のための予防づくりや現在の「認知症の高齢者が住みやすい街づくり」から更に「誰もが認知症を予防できる健康長寿な街づくり」へと推し進めます。
　認知症予防や転倒予防などの体力づくりを、沢山笑い合い、楽しみながら週1回行っている「生き活き脳活倶楽部」と月1回の「脳活サロン」（認知症予防カフェ）という脳活コミュニティの展開はもちろんのこと、その運営や展開をお手伝い頂ける人材、脳活師の育成、また地域認知症予防サポーターの育成をしていきます。

脳活コミュニティ

　「生き活き脳活倶楽部」は、現在地元、江東区の森下、北砂をはじめ、都内7カ所、千葉県3カ所、神奈川県1カ所の計11カ所を開設しました。
　脳活サロンは月1回、基本第3日曜日に江東区の森下の集会所にて開催しています。
　サロンでは、身体を使った脳活ゲーム体操や脳活音楽療法、脳活マジック、脳活ウォーキングに口腔嚥下体操、栄養講座や料理教室など、脳に良いワークショップや講座を開催。終了後には茶話会を開いて参加者と和気あいあい過ごします。現在、脳活養成講座を開講して5名を育成中。今後は脳活倶楽部を5カ所開設予定です。

⑨ 医療 ①

自分で居場所や治療方針を選択できる医療

木暮 裕 (こぐれ・ゆたか)

生きがい訪問診療所 院長
一新塾 26 期東京本科

●プロフィール
1967年千葉県千葉市出身／慶応義塾大学理工学部在学中にプロボクサーとなる／デビュー戦をKO勝ちで飾るが、1試合で引退／医師を志し、山梨医科大学（現山梨大学医学部）入学／卒業後は救命医療を経て循環器専門医となる／2010年一新塾入塾／2014年訪問診療専門の診療所「生きがい訪問診療所」を開設し、現在に至る。

主体的患者さんを増やす

市民を生きる知恵

　流されていた大学時代の自分。奮起してボクシングを始め、プロになってKO勝ちしても満たされない自分。臨終のときの過ごし方を受け身で医師任せにして、病院で寂しく最期の時を迎える患者さんと、自分があるとき重なったそうです。

　そして、一新塾の仲間と「自助カルテプロジェクト」を立ち上げました。医師に丸投げになりがちな治療方法に、「自助カルテ」を介在に、患者も、家族も、医師と一緒に考えていきます。塾生時代に3.11が起こり、直後に、木暮さんは仲間と避難所生活の方が健康管理を主体的に行えるよう自助カルテを持参し多賀城市を訪れました。そして、在宅医療の「生きがい訪問診療所」を開業。

　木暮さんは一人ひとりの患者さんの人生にとことん親身に寄り添う生き方を貫きます。最期の時を病院で過ごしたいのか、家に帰って家族に見守られて過ごしたいのか、重要な選択です。「主体的患者さんを増やす！」この切なる思いは、木暮さんの人生と響き合います。（森嶋）

自分のための努力では、自分は救われない

　理工学部在学中にプロボクサーになった。殴り合いの中で、生きていることを実感できた。生きている意味をいつからか探さずにはいられない自分には、とても大切なことだった。どんなことであれ行動すれば意味は自ずと生じると考えていたが、やっと勝ちとった勝利の後に残ったのは虚無感だけだった。自分のための努力では、自分は救われないことに気がついた。

　練習中に負った鼻骨骨折の手術を受けたとき、医療のありがたさを実感した。それから医者になりたいと考えるようになり、どうしても諦められず、なんとか医者になった。

　救命医療に従事し、スーパードクターになれるのではないかと思って頑張った。けれども、心臓カテーテル治療に日夜没頭する医師たちについていけない自分がいた。そして、熱くなれない自分をつまらない人間だと蔑むようになっていた。他にもっと自分が輝ける分野があるのではないかと考え、先端医療から離れた。

　しばらくして自分の心の中に大きな穴が開いていることに気がついた。その穴を埋めるために試行錯誤していたのだが、ようやく気づいたのは、もっと人の役に立ちたいと切に願う自分がいることだった。そして、人の役に立つことで救われるのは自分だと気がついた。

一新塾で立ち上げた「自助カルテ」プロジェクト

　自分という資源を使って何が出来るのか？　それを探るために一新塾に入った。

　一新塾では「自助カルテ」という患者自身が記入するカルテを用いて健康状態と将来像について再認識を促すというプロジェクトを立ち上げた。プロジェクトを進める傍らで、老人たちが手足を縛られながら、

自助カルテ

「家に帰りたい」と言いながら最期を迎える姿が、あまりにも多いことに改めて気がついた。自分がするべきなのは「こんな不幸にしかならない医療から、老人たちを開放することなのではないか」と考えるようになった。それが、老人たちを診る自分だからこそ、なすべきことだと気がついた。

対象者は、望まない治療を最期まで強いられる日本の高齢者だ。恵まれない人たちの話ではない。治療のためだと言って、手足を縛られながら本人が望まない治療を強いられて最期を迎える老人があまりにも多いのだ。そのとき自分が描いた理想の最期は、「老人が安らかに家族に見守られて迎える最期」だ。手足を縛られながら不本意な最期を迎えるのではなく、温かな家族の思いに包まれながら人は最期を迎えるべきだと理想を語るようになった。

「幸せな最期」を伝える

患者向けのセミナーを開催し、「幸せな最期」として理想を伝えた。賛同してくれる人もいたが、賛同してくれない人たちの方が多かった。賛同してくれる人たちは、家族が医療のために苦痛をしいられて最期を迎えた人たちだった。それ以外の人たちは、いざとなったら病院へ行くしかないのだと言って、自分の最期を描こうとはしなかった。

自分が受け持つ入院患者には、本人が嫌がる点滴はしないことを原則とした（それを受け入れてくれた病院をありがたく思う）。もちろん家族の同意が得られなければ、最期まで点滴するしかない。けれども点滴を止め、家族に数日間病院にいてもらうだけで、本人は安心し、家族も期間限定で介護ができた。ほとんどの場合、手を握り話しかけているうちに

第３章■すべての人は志を生きられる

幸せな最期を呼びかけたセミナー

最期を迎えた。本人にしてあげられることは、出来たのではないかと家族は納得していた。人の最期に正解はない。納得できると言うことが１つのゴールなのだ。

葛藤

卒塾後もプロジェクトは続いた。しかし、判る人には判るが、判らない人には伝わらない「幸せな最期」を、どう捉えてよいか判らなくなった。病院の医者が医療を否定するようで、自分の立ち位置も判らなくなった。どうしたら伝わるのかを試行錯誤した。結局、亡くなっていく人たちにとって、医療は既に救いとは映らないのに、健康な人たちがその考えを汲めないのだ。そのミスマッチが不幸を生んでいるのだが、それが伝わらない。判らない人たちに無理矢理強いることは間違っている。病院としては積極的な治療の方が、収益は上がる。大々的に治療を手控えることを謳うことはできない。病院に勤めながら活動を続けることが難しくなってきた。

訪問診療

もう一つのあり方として、訪問診療を細々と始めた。勤務医を続けながら、家で最期を迎えたい人のために、自宅に自分が診察に行くようにした。自宅に行って驚いたのは、患者さんの表情が違うことだった。病

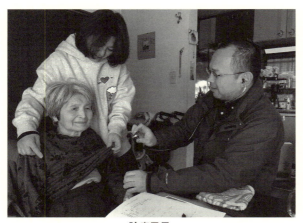
診療風景

院では病人の顔をしていたのに、自宅では病んでいても一国一城の主ということなのか？どこか自信というか風格というか、力強さがあった。ベッドの周りには、写真や趣味の備品などがあった。自宅とは、生きてきた証、思い出そのものなのだ。家に帰りたいと患者さんが口にするのは、こういう居心地の良さや愛着に引かれているのではないかと思う。病院は孤独で、思い出とか愛着を排除した空間なのだと、比べることで改めて病院という場所を認識できた。

生きがい訪問診療所開設

　そして、生活の延長線上に迎える家族の思いに包まれた安らかな最期は、私が理想と考えている姿そのものだった。病院で迎える最期しか知らない自分にとって、大きな意味をもたらした。自分が本来いるべき場所は、病院ではないのではないかと考えるようになった。そして、「生きがい訪問診療所」を開設するに至った。

　診療所開設当初、自分が関わる患者さんたちに「幸せな最期」を迎えさせることが自分の使命だと思っていた。しかし、訪問診療を初めてすぐに、その考えは間違っていることに気がついた。幸せな最期を迎えられる人たちの多くは、幸せな生活をしている人たちだったのだ。その延長線上に「幸せな最期」があるに過ぎなかった。それでも、安心して自

宅にいられるために医療は必要だった。自分がしなければならないのは、「幸せな最期」を目指して医療をすることではなく、患者さんの生活をできるだけそこなわないように支えることだった。

大切なのは、人と人の関わり

その一方で、家族がいない人たちや、本人を支えようとしない家族とも遭遇した。家族のかいがいしい介護を受けながら「死にたくない」と言って自宅で点滴を続ける人もいた。自分の描いていた「幸せな最期」とは「理想の最期」の1つでしかないことが判った。

「理想の最期」を描くために必要なものとは、自分で居場所や治療方針を選択できる自己選択権と、支えてくれる人々ということになった。周囲の人間は家族ではないかもしれない。最期を迎える場所は自宅ではないかもしれない。最期を独りで迎えるかも知れない。そんな中で単に介護、看護、医療が展開されてもそこに理想を描けそうもない。大切なのは人と人との関わりなのだと思う。周囲の人間が、本人の病気や体調だけでなく、気持ちや生きてきた過去に関心をもち、関わっていこうとする姿勢がなによりも支えになる

診療風景

のではないか？　心を寄せるという周囲の人間の人間性が、最期を規定するのではないかと今は考えている。

❾ 医療　②

腎臓病・透析に関わる
すべての人の幸せのために

宿野部武志（しゅくのべ・たけし）

株式会社ペイシェントフッド代表取締役
社会福祉士
一新塾25期東京本科

●プロフィール
1968年、埼玉県川越市生まれ／幼少の頃に慢性腎炎を発症し、入退院を繰り返し高校卒業時に透析導入／大学卒業後、14年間勤めたソニー株式会社を退職／社会福祉士の資格を取得し、社会福祉協議会にてボランティアコーディネーター／2009年、一新塾入塾／2010年、株式会社ペイシェントフッドを設立／2013年、WEBサイト「じんラボ」開設。透析施設や企業での研修講師も増えてきている。

市民を生きる知恵

自分と同じ境遇の人に応え続ける

　宿野部さんは、3歳の時から慢性腎炎を患い、大学受験のタイミングで透析導入を告げられて以来、週3回、1回4時間の透析を続けています。仕事をしながらの透析の度に、自分に向き合い続け「いかに病気とうまく付き合って生きるか」「病気であっても自分らしく生きていく」との思いにたどり着いたそうです。職場や病院で、病気となった事で生きる希望を失い、無気力となり自暴自棄になる方から相談を受け、宿野部さん自身の闘病の経験からアドバイスすることもよくあったそうです。「自分のやるべきことは、自分と同じように病気で悩み苦しんでいる人たちを助けることではないのか」。安定が約束されていた大企業を辞めて、起業。現在も週3回の透析を続ながら、自分と同じ境遇の透析患者の方々に応え続けています。（森嶋）

自分のミッションとは何だろう

　私は透析患者です。3歳時から慢性腎炎という病気を患って以来、私の人生は病気と共にありました。体育の授業はすべて見学。薬の副作用がもとで顔がむくみ、いじめにも遭いました。

　そしてさまざまな治療のかいもなく、高校卒業時のまさに大学受験のタイミングで透析導入を告げられて以来、透析歴も30年になり現在に至っています。

　透析がはじまった最初の一年間の浪人生活を経て、何とか大学に入学することができ、就職活動では苦労しましたが、幸いにして希望した企業に入社することができました。

　週3回、1回4時間を要する透析をしながら会社員生活を送ることは、心身共にハードではありましたが、やりがいのある仕事と人に恵まれとても充実していました。

　そのような生活の中で、自分の中に「自分の人生のミッションとはいったい何なのか？」という問いが日増しに大きくなっていき、「自分のやるべきことは、自分と同じように病気で悩み苦しんでいる人たちを助けることではないのか」と思うようになったのです。

　長期透析に伴う合併症のため入院・手術となったことを機に、その思いを改めて強く確信し、14年間勤めた会社を退職しました。

夢に向かって「じんラボ」をオープン

　退職後は社会福祉士（ソーシャルワーカー）の国家資格を取得し、社会福祉協議会での相談業務・ボランティアコーディネーター等の現場経験を経て、2010年9月1日に株式会社ペイシェントフッド（https://www.patienthood.net/）を起業いたしました。

　会社名であるペイシェントフッドとは「患者であること」という意味

です。「『患者であること』の新しいあり方を創造したい」という思いを込めてこの社名にしました。

　一新塾には社会福祉協議会に勤めている時に入塾、医師の率いるプロジェクトに参加して学ばせていただきながら、起業にあたって行う事業のブラッシュアップをして、25期在籍中に会社を立ち上げた次第です。

　起業から7年が経ちました。かなり苦しい道のりではありましたが、2012年4月より、結婚当初からいずれ一緒に会社をやると話していた妻が勤めていた会社を退職し加わったことも大きく、改めて事業を見直しました。

　そしてその結果、まず2013年4月には「腎臓病・透析に関わるすべての人に幸せのために」をスローガンにしたポータルサイト「じんラボ」（http://www.jinlab.jp/）を誕生させました。

　「じんラボ」では、「腎臓病」「透析」についての知識・情報を提供することはもちろんなのですが、患者・ご家族、医療従事者も含めたさまざまな立場の方からの、体験談や想いを共有していただくこと。そして何より、「腎臓病・透析と正しく向き合い、知って、共感して、支え合って、自立する」ということを内容に盛り込み、従来の病気に関するサイトとは一線を画し、「病気であっても自分なりに前向きに生きていって欲しい」というメッセージを込めたサイトになっています。サイトのカラーも情熱を湧きあがらせるべく「赤」で統一しました。

ポータルサイト「じんラボ」

一新塾で「根っこ」の徹底的な掘り起こし

私は腎臓病の治療、そして透析を続けながら、腎臓病・透析になったことで落ち込み、苦しみ、生きることに対して消極的になっている方がいかに多いかという現実をつぶさに見聞きしてきました。

企業での講演の様子

もちろん私自身にもそういう時期はありました。特に透析に至っては、移植をしない限り永遠に続くという大変重い十字架を背負わされたようなものですから、身体的なものに加えて精神的にも大変な負担がのしかかります。

それでも自分が今こうして透析をしながらも前向きに暮していけていることは、まず透析について正しい知識を持つことに加えて、「自分の夢・目標・生きがい」を見つけることが出来たからです。

私にとってのそれは、一新塾での自身の「根っこ」の徹底的な掘り起こしによって完全に明確になり、「腎臓病・透析に関わるすべての人を幸せにしたい」という「思い」を「カタチ」にしたもの、まさに今経営しているペイシェントフッドという会社を成長させることです。

「腎臓病・透析のために生きるのではなく、夢・目標・生きがいを実現するために治療・透析を行う。」この考え方にシフトできると人生は変えられる。治療・透析をしながらでもQOLの向上を図れる。「じんラボ」ではこのことを伝えていきます。

「腎臓病」「透析」に関わる方はまず「じんラボ」を見ていただければ、

前向きになれる、悩みも解決に向かう、安心する、そんな風に思っていただけるように頑張っています。

「じんラボ」のPRのため、透析医学会学術集会等の学会に企業展示ブースも出展させていただきました。

おかげさまで「じんラボ」の反響は大きく、新聞・雑誌等にご紹介いただいたりして確実にアクセス数も増え、広告掲載の依頼も増えてきました。

「現場主義」の姿勢を貫く

「じんラボ」オープン後には、当初から事業に据えていた透析施設や、企業での講演・研修事業もご依頼いただけるようになりました。特に医療関係の企業に勤める社員の皆さんは、直接患者の声を聞く機会はあまりなかったことが分かってきました。

私にとっては、命にもつながるお薬や機械を製造・販売している方々が、エンドユーザーである患者の声を聞くことが少なかったということは、とても驚きでした。

製薬企業での研修の様子

現在は、患者の体験と思い、リアルをお伝えすることで、新薬や新しいサービスを産み出すための気付きやヒントを得ていただくため、またモチベーションを上げていただくため、

腎臓病に限らず他の疾患の患者さんにも協力をしていただき、講演に加えてワークショップ等のプログラムのバリエーションも増やしながら取り組みを広げています。まさに患者と医療をつなぐ懸け橋とも言える取り組みです。

これからは透析患者の転職・就職（障がい者雇用）、事業にも注力をしてまいります。一つひとついただいたお仕事を誠実に、また期待されている以上の成果を出し続けていこうと思っています。

こうして少しずつお声がかかるようになったのは、やはり一新塾でも学んだ「現場主義」の姿勢を貫いたことが大きかったと感じています。

自分自身が患者として週3回透析のためにクリニックに通っていますが、それもただ自分が透析を受けるためだけという意識ではありません。多くの患者さん・ご家族、医師・看護師等の医療職の方々、製薬メーカーをはじめとした多くの企業の方々等、さまざまな方にお会いし、現場を見て、お話を伺ったそれらすべてのことを、「じんラボ」をはじめ、すべての事業に生かしています。

究極の夢は「患者協働の医療」

起業して8年目を迎えました。これからはこれまで積み上げてきた経験と実績、ノウハウをつなげて新しいフェーズに入っていくために、新たなチャレンジを計画しています。

腎臓病または透析患者・家族、そして医療者、企業・団体すべての人が幸せになる仕組み、「患者協働の医療」の具体的なシステムを創り上げることが究極の夢です。

これからも、「想い」を「カタチ」に、に加えて、「想い」を「ビジネス」として着実に継続していけるものにするために、患者の新しいあり方への挑戦をしていきたいと思っています。

❾ 医療　③

在宅医療の現場から
高齢先進国モデルをつくる

武藤真祐（むとう・しんすけ）

医療法人社団鉄祐会理事長
一新塾 15・21・24 期東京本科

●プロフィール
1971年埼玉県生まれ／東大医学部卒業後、東大医学部付属病院に入局／循環器内科に従事／2年半、宮内庁で侍医を務める／2004年一新塾入塾／2006年から「マッキンゼー・アンド・カンパニー」に勤務／2010年、文京区に在宅医療の診療所を開院／2011年、東日本大震災後、石巻市で在宅医療の診療所を開院／2015年に練馬区、2016年に墨田区、港区で開院／2015年にはシンガポールにて在宅医療事業を開始／テレビ東京「カンブリア宮殿」にも出演／著書に「医の力」（PHP研究所）「幸福死のすすめ」（海竜社）／一新塾講師。

市民を生きる知恵

専門スキルと市民パワーで世界を変える

　自分だからこその使命を生きることに邁進してこられた武藤さん。医師→経営コンサルタント→在宅医療の診療所。そして訪れた東日本大震災での卓越した決断力と行動力。石巻のクリニック訪問時に語っていただいた武藤さんの言葉です。「これまで大組織で働いていたので、一新塾が言う市民の力というのは、ある程度は理解しつつも、本当なのかな？そういった思いも正直ありましたが、一新塾で触れ合った方々、そして、何より今回石巻に参りまして、本当に市民の力が世の中を変えていくということを目の当たりにしました」石巻の2万世帯の方々を一軒一軒訪問する際は延べ2万名の支援者の協力を得ました。これまで培った専門スキルに、市民パワーが加わると、計り知れない可能性が生まれます。武藤さんのチャレンジは国内に留まりません。誰もがやったことのないことで世界に挑んでいます。（森嶋）

医者を目指したきっかけは野口英世

　私が医者になりたいと思ったのは6歳の時に、野口英世の展覧会を見たのがきっかけです。英世は貧しい家庭の出身ですが、人生を自分の力で切り拓き、あれだけのことを成し遂げました。努力の大切さや、「志を達成しなければ、もうこの地を踏まない」というその覚悟に感銘を受けたことを鮮明に記憶しています。

自分の価値観で生きるなら努力できる

　私は、小さい頃から、「明日は死んでしまうかもしれない、今日やれることをしっかりやろう」と思って生きてきました。そして周囲のサポートのおかげで、開成中学・高校と進学し、東京大学理科三類に入学しました。当時、卒業後は大学に残ってキャリアを積んでいきたいと思っていました。そして東大の中でも伝統ある第三内科に入りました。それは教授になる熾烈な競争の始まりでした。

　私は循環器内科医となり、心筋梗塞などで運ばれた患者にカテーテル治療を行っていたとき、当時、循環器内科教授で、現在自治医大の学長になられた永井良三先生に推薦していただき、2004年、32歳のとき両陛下の侍医に就任しました。侍医になってからは大きく視野が広がりました。国家という視野で物事を捉え、弱い立場や困っている人々に対し、社会はどうあるべきかを学びました。そして任期はおよそ2年ですので、退任後何をするかを考えました。

　そして、10年後、20年後、「これなら武藤だ」と言われるようなものを目指したくなったのです。それには自分ならではの組み合わせを作ることだと考えたのです。例えば「在宅医療×マネジメント×政策」などです。何より自分の価値観で生きることを最も大事に考えました。自分の価値観で動くならばどんな努力でもできます。そして、例え成功しな

くても責めるのは自分で済みます。

マッキンゼーに勤務し、チームマネジメントを学ぶ

　自分なりの新しい組み合わせを作るには、深く思考し問題解決をする手法の取得が必要でした。それには実践で学んだほうがいいと考え、コンサルティングファームのマッキンゼーに入社しました。マッキンゼーでは問題解決力に加えチームマネジメントと起業家精神を学びました。チーム全体で価値を出すことの重要性を知ったのです。このときの経験が、クリニックのみならず、被災地という特殊な環境のチームづくり、グローバルという価値観や風習が違う中でのリーダーシップに生かされています。新しいことをやるときは、いかにみんなの力を結集していくかが求められます。リーダーが一人で走っていき、他の人がそれについていくのではありません。全体像を描きながらメンバーの力を最大限に発揮できる環境を作り、そして誰もがやりたがらないところをやるのがリーダーです。

祐ホームクリニックと在宅医療

　マッキンゼーを辞めた後の2010年、東京都文京区に祐ホームクリニックを開業し、一開業医として今後、日本の医療インフラとして、より普及・発展が求められていた在宅医療を始めました。急性期の患者を診る循環器内科医のときは心臓の心臓カテーテル治療等にやりがいを感じていました。しかし当時から医者として一番喜びを感じていたのは、治療の後に病室に行って、おだやかに患者さんやご家族と話をする時間でした。患者さんがどのように暮して、どのような人生を歩んでいるのかの方にもっと興味があったのです。その後に、両陛下のおそばにつかえてさせていただいて、人が安心して暮らすことの大事さを、身にしみて分かるようになったことも大きな影響を与えています。

在宅医療とITでマネジメント

これからの時代、病院には長くいることはできません。そして何より多くの人は家にいることを望んでいます。できれば好きなことをして家にいたい。しかし、これから老老介護、単独世帯が増え介護力がなくなります。自宅で

祐ホームクリニック石巻に訪問した
一新塾生と

もきちんとした医療は受けられるか皆心配です。これを解決するのが在宅医療・地域包括ケアシステムです。

現在、医療法人社団鉄祐会は文京区、練馬区、墨田区、港区、石巻で在宅医療を提供しています。医師50名、看護師20名を含む100名を超えるスタッフで、1300名の患者さんを診ています。年間の看取は160名と終末期の方もたくさん診ています。このオペレーションを可能にしている一つはICTシステムです。開設してすぐにクラウドの在宅医療支援システムを開発しました。最適なルート選択やタスク管理などを行うことができます。また、カルテを口述すると打ちこんでくれるメディカルクラークセンターを開設しています。医師は移動の時間を有効活用できます。医師が帰院するとカルテはほとんど完成していてあとは少し修正すれば出来上がります。

さらに、医師が書類を作る時間は極力減らし、書類の8割は医師以外の人がドラフトを作成するなど、医療資源の最大化をどうやって図るかをタスクシェアリングとICTでどう実現できるかを考えてき実行してきました。

現場でやったことを国の政策システムに落とし込む

他の分野では普通に行われていることを、医療現場に応用したときに

どういう新しい価値をつくることができるか、という視点は大事です。イノベーションとは破壊的なものだけを指すのではありません。特に医療では技術イノベーションを社会イノベーションにどう適応させるかがキーとなります。

在宅医療では医師、看護師、介護士などそれぞれの文化が違う中で、非常に多くの人で患者さんを診ていくのが特徴です。しかし、バックグラウンドが違う職種で情報共有しながら質の高いケアを提供していくことは容易でありません。現場のそれぞれの声を大事にしながらシステム、オペレーションを作ってきました。そして、今は厚労省の情報政策参与として、現場でやってきたものを日本全体のシステムにすることに尽力しています。政府関係の仕事をして7年経ちますが、根っこにあるのは現場です。頭で考えることはある意味で簡単です。実際にやってみて出来たものだけが説得力があるのです。だからこそ自分がまず現場でやってみるしかない。

一新塾講義で色紙の
メッセージを解説

石巻でやった2つのこと

震災後の2011年9月、石巻にクリニックを開設しました。ここでこそ在宅医療が必要と感じました。人々が孤立し慢性期の病気が増えていく中でこちらから出向き、自宅できちんとみていくことが求められていました。開設後3年間は、週の半分は石巻、半分は東京（今は毎週シンガポールに通っていますが）の生活でした。在宅医として患者さんに医療を届けました。ありがたいことに多くの医師が全国から支援に来てくれました。

これとは別に延べ2万人の人に来てもらって2万世帯の一軒一軒に個別訪問をやりました。およそ1人1時間かけて、医療面、生活面、メンタル面の状況を聞き取って、開発したクラウドのデータベースに入力し、

アルゴリズム（問題を解くための手順を定式化）で分析しました。どういう人にはどういう支援が必要かを分析して、それをみんなで確認し、実際に必要なチームを派遣しました。

　これらの石巻のプロジェクトは無我夢中でやった訳ですが、「どうしてあんな仲間がいるの？」「支援者はどう集めたのか？」とよく聞かれました。一番大切なのは、パッションです。これがない人には誰もついていかない。ロジックではない。でもロジックも必要です。ロジック2割、パッション8割です。パッションは社会起業家の要です。自分の利益ではなく社会のために役に立ちたいという強い意志が必要です。

シンガポールで起業 ── 日本を世界に表現したい

　もともと日本だけではなくアジアで活躍したいという気持ちはありました。そもそも日本が世界に貢献することに寄与したいとずっと思っていました。しかし医師として患者さんを診ているのですぐに行くのは難しい。そこでまずINSEAD（フランスのビジネススクール）のシンガポールキャンパスでエグゼクティブMBAを取得し、2015年の8月にクラスメートとシンガポールで起業しました。日本的な地域包括ケアを展開しようと、現地看護師を組織し、シンガポール人の患者へケアを提供しています。また新しくICTのシステムも作って事業展開しています。このため毎週シンガポールに通っています。週に2日は飛行機のエコノミーの席で寝ています。何が自分を駆り立てるのか？まず、単純にわくわくすることです。医療の分野で日本のソフトサービスを輸出して成功しているものはほとんどない。特に在宅医療という、まさに人々の生活や、死生観など文化に根差したものを輸出することは今までできてない。誰もがやったことがない。だから面白い。小さいころから明日が分からない人生を歩みたいと思っていました。そして仲間たちと一緒にわくわくしたい。情熱と冷静の間に大きな可能性があると信じています。

10　グローバル　①

世界中の人々が
国境や言語の壁を越えて活躍できる社会

加藤智久 (かとう・ともひさ)

株式会社レアジョブ創設者・取締役
一新塾5・6期東京本科

●プロフィール
1980生まれ、千葉県出身／高校生のとき、史上最年少で一新塾に入塾／一橋大学に入学後、1年間休学してITベンチャーで新規事業の立ち上げを経験／2005年に外資系戦略コンサルティングファーム・モニターグループ入社／2007年、Skypeを使ってフィリピン人講師をスカイプでつないで、格安でレッスンを提供するオンライン英会話サービスを行う株式会社レアジョブを設立／2014年東証マザーズ上場／受講者数は50万人を超えている／一新塾講師。

波が立つところにいる

市民を生きる知恵

　高校3年生で一新塾に最年少入塾された加藤さん。高校では、何のために勉強しているのか、自分の居る場所がなかったと振り返られます。誰よりも早く「自分でレールを敷く人生」を求めていたのではないかと思います。そして、27歳で起業。サーフィンの経験も後押しになったそうです。サーフィンを始めてから「これって起業と凄く似てるな」との気づきがありました。サーフィンも、起業も、前もって「波が立つところにいる」というのがとても重要だということ。「僕が乗る波って何だろう？」って思ったそうです。ちょうどメキシコで3カ月ほど暮らしているとき、日本に電話かける際に、すごく格安の国際電話ブースを発見。それが、無料通話ができるスカイプでした。遠くにいる相手と目の前にいるように話せて、しかも無料のものがあって、しかも誰にも知られていない、「この波はくるぜー」っていうワクワク感があったそうです。（森嶋）

2007年、27歳でレアジョブを起業

　日本人が英語を体得する時間は3000時間必要です。日本人は、中・高・大学で英語を勉強してもしゃべれないとよく言われますが、日本の中・高・大学で勉強する時間は平均で1000 〜 1300時間しかないんですね。これ以外の2000時間をどう埋めるかといことを自分でやらない限りはなかなか話せるようにはなりません。

　僕は、2007年にレアジョブを起業して、１回25分のマンツーマンの英会話レッスンを129円という低価格で、フィリピン人の優秀な講師とユーザー様をスカイプでつないでレッスンを提供しています。講師は4000名、累積会員数は50万人を超えています。

最年少入塾で発見した「自分でレールを敷く人生」

　高校3年生の時、学校にいても全然面白くなかった。何のために勉強しているのか。自分の居る場所がなかった。当時、大前研一さんの話が聞ける場所ということで一新塾に最年少で入塾しました。

　冒険家の高野孝子さん、都知事になった小池百合子さん、Ｊリーグ創設者の川淵三郎さんなど、このような講師の人たちの話を聞いてるうちにだんだん分かってきたのが、敷かれたレールの上を歩く人生ではなく、自分でレールを敷く人生を歩んでいるということでした。そこで、「なぜ、その人生を歩めたのですか？　何が出発点だったんですか？」と毎回質問しました。冒険家の高野孝子さんであれば、大学生のときに極地に行って、そこで神秘的な体験をしてそれを子どもたちに共有したいと思ったそうです。小池百合子さんだったら、エジプトに留学しているときに政治の動乱に遭遇し、政治の大事さを実感し、でも自分は地盤も看板もないので、まずニュースキャスターになってから政治家にと思ったそうです。共通しているのは、大体20歳前後のときに人生の進路を決め

る何らかの原体験を味わっているということでした。

原体験を積む

　一新塾では、藤沢烈さん（現・RCF代表理事）にも出会いました。「大学は4年じゃなくて6年かけて行けばいい。加藤君が味わいたいような原体験というのは学校で勉強しても得られないから、学校の外に出ていく2年間を挟むといい」と。そこで原体験が積めそうな6年間を過ごすことにしました。

　一橋大学に入学し、1999年、ある起業家の方と出会いました。そのとき、一新塾のプロジェクトで考えていた「地域活動をエンジョイするための携帯One-to-One情報配信サービス」、こういうことを考えているんですよと、伝えたところ気に入られて、1年間休学してベンチャー企業で働く機会をいただきました。任された新規事業でPC向けポイントサービ事業では、半年間で1000万円くらい粗利益を出したこともあり、さらにそれを大きくしようとしましたが、サービスインの前日に取りやめとなる失敗の経験もしました。一人でどんどん仕事を抱え込んでパンク寸前となりマネジメントにも課題がありました。

上峰町立上峰小学校でのオンライン英会話授業の実施。
（左から武廣町長、加藤さん、矢動丸教育長）

　ベンチャーで働く前には「自分の性格は起業家に向いているのだろうか？」との思いもありましたが、結論としては「性格は関係ない。起業家にはいろいろな性格の人がいる」と思い至りました。但し、この人た

ちに勝てる力は必要です。

　1つ目は、当時の起業家の人たちを見ると、英語ができる人はほとんどいなかった。だったら「語学勉強しよう」ということで英語と中国語を頑張ることに目標を置きました。

　2つ目は、伊藤邦雄教授のゼミに入って、会計、経理、数字でものごとのマネジメントする力を磨きました。

　3つ目は、仕事だけ、勉強だけだと幅が狭いので、6年計画の最後の1年間は海外旅行すると決めていました。半年間は中国にいて、半年間はメキシコでサーフィンに打ち込みました。このときに、いち早くスカイプの存在を知り、「スカイプを使ったビジネスがしたい」との思いが芽生えてきました。

レアジョブ起業の準備

　大学卒業後に、戦略コンサルタント会社のモニターグループに入りました。このときに、藤沢さんが、「戦略コンサルで起業している人は2パターンしかいない。それは、3年以内に辞めて裸一貫で起業するケース。もう1つは役員まで上り詰めて、そこで持っている人脈を生かして起業するケース。加藤君、君はどっちだと思う？」「それはもう3年ですね！」と答え、仕事をしながら起業の準備を始めました。

　最初に格安で中国語会話できる仕組みを作りました。友人に使ってもらいましたが、「これ英語だったらやるよ」というのが大半。そこで、英語に切り替えました。今、社長の中村に「ウェブサイトは来月中に出来そうだけど、英会話の講師はどのように確保する？」と尋ねられ、26歳のときに2週間休みをいただいて、初めてフィリピンに行きました。

　フィリピン大学に「講師募集」の貼り紙を出したところ、1人と会うことが出来ました。それがシェムという女子大生でした。日本に帰る最終日の前日の夜、会ったときに僕が言ったのは、「僕が探しているのは

講師と言うより事業パートナーなんだ。講師を見つけてくれる人が欲しいんだ。事業パートナーになってほしい」と言い、シェムは「いいよ」と答えてくれました。彼女の母親も経営者で起業に興味を持ってくれました。これがレアジョブの始まりです。講師は彼女の友達、友達の友達という形で口コミで広がっていきました。

日本人1000万人を、英語が話せるようにする

海外に行くと「レアジョブで勉強したおかげで海外駐在できました」という人によく会います。お客様の人生を千人単位、万人単位で変えてきたという自負はありますし、できるのはベンチャー、スタートアップという生き方を選んだからだと思っています。そして、2014年に上場しました。翌年、2015年に創業以来ずっと一緒にやってきた中村に社長を代わってもらい、僕は会長になりました。

新たな学びを得るチャンス、才能を開花させるチャンス、新しい何かに出合えるチャンスです。レアジョブは、これらのチャンスをインターネットを通して、あらゆる人と場所に届けて、世界中の人々が国境や言語の壁を越えて、活躍できる社会を創りたいと思っています。そして、サービスミッションである「日本人1000万人を、英語が話せるようにする」は、このまま実現に向かうと思っています。

フィリピンで、新しいインターネットサービスをつくろう

会長になってちょっと時間が出来たときに、新規事業の卵みたいなものをやってみました。フィリピン人のエンジニア教育です。アメリカなら、ソフトウェアエンジニアになる人は、ならない人との給与格差は2倍もあります。そうすると、「自分はコンピュータサイエンスの学科卒業してないんだけれど、そういうキャリアを歩みたい」という人がたくさん出てきて、その人たちにコンピューターサイエンスの4年間のプログラムで

フィリピンで出会った事業パートナーのシェムさんと。

はなく、3カ月に超圧縮して基礎の基礎だけ叩き込んで、最低限プログラマーの面接を突破するレベルまで鍛え上げる「コーディングブートキャンプ」というビジネスがあります。2年前、これをフィリピンでやりたいと思いました。最初はレアジョブ内でやろうとしたのですが、「英語に注力しよう」ということでできず、社外でやることにしました。まず、自分は出資だけして、そのとき社長をやってくれたのが、フィリピン側の創業パートナーのシェムです。

　自分の中ではレアジョブって会社自体は、もう組織が出来上がっていて、会社は上場しているし、つぶれる心配はなくて、「僕がいなくても確実に回るよな」という思いがありました。一方、ネット系スタートアップを上場させた経験とお金を持ち、優秀なフィリピン人たちとつながりを持つ人は、ひょっとしたら僕しかいないのかもしれません。

　日本にYahoo!Japanや楽天、DeNAはありますが、フィリピンにはインターネット企業として上場した会社はありません。ソフトウェア受託開発企業としての上場が1社あるだけです。パパママショップのような開業率は高い国ですが、世界を変えてやろうという意味でスタートアップを目指している人はまずいません。ベンチャーキャピタルのようなリスクマネーも乏しい。それならばフィリピンのスタートアップ、ベンチャーのエコシステムを強化したいと思ったのです。

　ですから、代表権を返上し、会長を退任し、自分の時間のほぼ全てをフィリピンでの新規事業、「コーディングブートキャンプ」で養成したエンジニアと一緒になって、新しいインターネットサービスを作ろうとしているのが、これからの挑戦です。

10 グローバル ②

誰もが自分らしく生きられる世の中へ
～新しい教育をつくる。そのスタートは学校から！

河内智之 (かわち・ともゆき)

NPO法人未来をつかむスタディーズ
「みらスタ」代表理事
一新塾 27・31 期東京本科

●プロフィール

都市銀行、JICA青年海外協力隊、学習塾、公共施設を経て現職／2011年に一新塾の仲間と「理想の学校を創ろう」プロジェクトが発足／2014年にNPO法人未来をつかむスタディーズ設立／多様な経歴とネットワークを活かして、学校におけるキャリア教育、グローバル教育を推進している／国際理解や多文化共生等に関するイベントでの登壇多数／これまで中学・高校を中心に約50校、500コマ、さまざまな授業を実践。

対象者はかつての自分

市民を生きる知恵

「高校卒業、大学卒業、学生を終えると、それまでの人生を一度リセットし、ゼロベースで社会人としてリスタートする。学校と世の中がつながっていない！」それが河内さんの問題意識です。こうした思いの源泉には、河内さん自身の人生の歩みの中でずっと持ち続けた違和感がありました。勉強の意義を見出せなかった中学高校時代。大学時代、就職活動の時期を迎え、これまでの人生と世の中で働くことの連続性のなさに愕然としました。

「自分はどんな形で世の中に貢献できるのか？ どう職業を選ぶのか？」葛藤を抱え、銀行に就社。しかし長くは続かず、青年海外協力隊でグァテマラ共和国へ。帰国後、9年間塾予備校に勤め、毎年100人以上の中高生と向き合ってきました。そこで、勉強する意義を見出せなかった「かつての自分」と目の前の中高生が重なりました。学校と世の中をつなげたいとの思いが湧き上がったそうです。（森嶋）

「みらスタ」の授業

　看護師、商社マン、公務員、陶芸家、動物飼育員……さまざまな職業の人。アメリカ、ペルー、ベトナム、ガーナ、リトアニア……外国にルーツを持つ人。いろんな大人と教室へ行き、彼らの価値観を、生き方を、人生の選択を伝える。なぜ看護師になったの？　ガーナと日本の違いをどう捉えている？　これらの多様な生き方に触れて、生徒は自分がどう生きたいかを真剣に考える。生きるヒントにする。単発ではなく、学校と協働して連続講座をつくって実践する。それがNPO法人未来をつかむスタディーズ「みらスタ」の授業です。

　誰もが自分らしく、個性や可能性を発揮して生きている。それでいて調和している。それが私たちの目指す社会です。でも、成熟社会ならではの悩み。「自分らしさって何？」それは誰に教えられるものでもない。きっと多くの人と触れ合う中で自ら獲得していくものです。だからこそ中学生や高校生のうちから、多様な生き方に触れて、自分らしさのヒントが得られる。そして、世の中とのつながりを実感できて、勉強のその先を見据えることができる。「そんな学校を創りたい！」という思いで私は活動を始めました。

学生生活と社会人生活の断絶

　今の若者は、高校卒業、大学卒業、そして学生を終えると、それまでの人生を一度リセットし、社会人としてリスタートする。そんな感覚を持つ人が多いのではないでしょうか。学校生活と社会人生活がつながっていない。それが私の問題意識です。自分らしい生き方を遠回りさせる根本原因の一つだと感じています。

　高校生への意識調査でも「将来なりたい職業がある」生徒は進学校で5割を切ります。さらに、「あの人のような生き方をしたいと思える人

グァテマラの民族衣装を着て高校生に授業する河内さん

がいる」生徒は17％のみです。（典拠：Benesse教育研究開発センター 高校データブック2013） 私たちも授業後に、必ず生徒にアンケートを取ります。たった一人の大人の話でも「生き方の参考になった」と答える生徒は毎回約9割います。それほど親と教師以外の大人との、世の中との接点は少ないのかもしれません。

　かつて、私が塾に勤めていたときの教え子Yさんは、親の進める進学高校に入学しました。そこでは、生き方の模索は追いやられ、有名大学進学ばかりが奨められ、彼女は「何のための勉強？」「自分の人生にどうつながっていくの？」と悩んでいました。親や学校の価値観、周囲の空気に閉じ込められ、自分らしい未来を描く術を持つことが出来ませんでした。塾を卒業した後も、事あるごとに相談に来たYさんにとって、数少ない世の中との接点のひとつが私だったのかもしれません。

模索し続けた半生

　それは、私も同じでした。中学高校時代には勉強する意義を見出せずにいました。「オレはどう生きていくのか」そういう問いがグルグル。「もっと大切なことを教えてくれよ」とグレていた時期もあります。で

も結局、その模索は日常に掻き消されていきました。

　大学時代。就職活動時には、それまでの人生と社会で働くことの連続性のなさに愕然としました。自分はどんな形で世の中に貢献できるのか。どう職業を選べばいいのか。周囲には同じ想いを抱えた就活生も多かったように思います。多くの人間が就職（職に就く）ではなく就社（会社に就く）をしていきました。私も葛藤を抱えたまま都市銀行に入社しました。

　入社した1995年は阪神淡路大震災、地下鉄サリン事件と続き、日本は年初から暗いムードに包まれていました。その後、少年犯罪、教育の荒廃などのニュースに触れるたび、日本は今こそ、福祉や教育の充実した国づくりをすべきだと思っていました。それでも、当時の政府やマスコミは景気の回復最優先という風潮。日本資本主義のど真ん中にいる自分に疑問を持ち、結局銀行を1年余りで退社しました。

　そして、JICA青年海外協力隊に参加しました。中米グァテマラ共和国で野球を教えるという活動でしたが、地球の裏側のグラウンドで、私は生き方を左右する大切な価値観を獲得しました。関心のあった国際協力に携わることで「自分が幸せで初めて誰かを幸せにできる」という人間への本質的な理解を得ました。異文化に触れることで「自分は徹底的に日本人である」というアイデンティティに気づきました。TOYOTAやNISSAN、SONYやPANASONICなどの日本企業が地球の裏側まで潤しているのを見ることで「資本主義が本来目指した姿」その生理面を肌で感じることができました。これらの体験は、現在の活動の大きな推進力になっています。

　帰国後は、塾予備校に約9年勤め、毎年100人以上の中高生と向き合いました。「先生、最初なんで銀行に勤めたの？」「私アナウンサーになりたいんだけどさ…」「オレ、サッカーどこまで出来るかな…」勉強を教える傍らで、このような生徒たちの声をたくさん聴いてきました。彼

一新塾のメンバーと一緒に授業

らはかつての私と同じ。生き方を模索し始めている。世の中との接点を探し始めている。人生の指針を求めている。そう強く感じました。

■ 一新塾での気づき ～やはり学校と世の中をつなげたい～

私が伝えたいことは勉強そのものではない。その傍らで聴いてきた生徒たちの声に応えたい！　学校教育でそれができないだろうか？　私が進むべき道は他にあるのではないか？　自分が本当にしたいこと、すべきことは何かを突き詰めたいと、一新塾に入塾しました。

ここで6つの箱を何度回しても、やはり学校と世の中をつなげたい思いにたどり着くのです。そして、自分自身の学生時代の疑問、人生の歩み一つひとつが生徒の声に応えたい思いの源泉であり、私の半生そのものが「理想の学校を創りたい！」というビジョンと結びついていることが鮮明になりました。

メンバーと共に実際に学校へ行ってみると、学校も社会との接点を求めていました。先生方も学校も頑張っている。私たちは学校と共に歩む道を選択しました。そして、鎌倉市の公立中学校でそれぞれの人生を生徒に語らせてもらう授業がスタートしました。

アパレル商社に勤めていたOさんがバングラデシュの工場へ納品の催促に行き、現地の人々に言われた「納期、納期と、自分だけ助かりた

第3章■すべての人は志を生きられる

外国人の方との授業

いのか！」という言葉。生徒たちはグローバル企業で働く醍醐味や難しさを疑似体験しました。ITプログラマーKさんが、パソコン上で世界を行き来しながら「君たちは何でもできる時代に生きている」というメッセージを伝えると、生徒たちはそれを納得して受け取りました。

個性や可能性を発揮して生きるための学校教育を！

2011年に一新塾の仲間と理想の学校を創ろうプロジェクトが発足。2014年にNPO法人未来をつかむスタディーズ設立。活動がスタートして6年間で、これまで中学・高校を中心に約50校、500コマ、いろんな授業を実践してきました。世界と出会うワークショップ。社会課題の解決案を考えるプロジェクトラーニング。多文化共生に関するディスカッション。連続講座や合宿など学校との協働は広がっています。そして、現在「みらスタ」は、企業や大使館との協働を進めています。

「関心のある仕事をちゃんと調べてみたい」「自分のことも大切にしてみようかな」「夢がはっきりしない今が重要なんだ」生徒からは嬉しい声をたくさんもらってきました。彼らと世の中をつなぐことで、彼らが自分の個性や可能性に気づいていく。生きるヒントを掴んでいく。今それを確信しています。誰もが自分らしく生きる。成熟社会が求める新しい教育をつくる。そのチャレンジを私たちは続けて参ります。

11　教育　①

うらやす子ども起業塾
~失敗を恐れず Let's challenge

峰松めぐみ （みねまつ・めぐみ）

うらやす子ども起業塾 運営委員長
団体職員
一新塾 30・32 期東京本科

●プロフィール
社会人5年目のときに、主体的な人生を歩みたい、人生の志を見つけたい、そんな思いで、2012年に一新塾の門を叩く／一新塾でチーム活動のリーダーを経て、子どもたちが未来に希望を持って生きる社会を創るため「うらやす子ども起業塾」を立ち上げ、卒塾後も、試行錯誤を繰り返しながら日々奮闘中。

市民を生きる知恵

他人と比較しない

　　　　子どもの潜在能力を誰よりも信じている峰松さん。子どもたちが積極的に行動できていないのは、能力を生かす環境がないからと断言します。その言葉の背景には、何度も自分の子ども時代を振り返った峰松さんがいました。
　自分がやりたいことがありながら、なぜ、くじけてしまったのか。どういうときに、乗り越えることが出来たのか。何度も、何度も、自分の根っこを深く掘り下げていきました。自分の努力を身近な大人が認めてくれたとき、否定の思いが勇気に変わり自分の可能性を信じられるようになった自分を発見します。
　こうしたプロセスを経て、峰松さん自身「他人と比較することがなくなりました」と語られます。そして、その気づきを子ども起業塾のプログラムに落とし込みました。今日も子どもたちの未来を信じて一人ひとりに向き合っています。
（森嶋）

自分だって、やればできるんだ！

私が目指す社会は、子どもたちが将来への夢を語って実現に向けて行動できる社会です。

「自分だって、やればできるんだ！」「一歩を踏み出せば願いは実現するんだ！」「将来こんなことをやってみたい！」と目を輝かせて笑顔になる子どもたちが増えれば、笑顔と希望にあふれた社会が創られていくと私は確信しています。

私が現場としているのは、仕事の都合で2012年から住んでいる千葉県浦安市です。浦安の子どもたちが地域のために行動し、自分たちの考えたことを実現していくことにより、浦安市民たちが笑顔になります。そして、失敗を恐れることなくチャレンジすることの楽しさを知った子どもたちが大人になったとき、夢と希望のバトンはその子どもたちに受け継がれて、浦安に主体的行動の連鎖が広がっていきます。

将来のためにどのように行動してよいか分からない

しかし現状としては、子どもたちは計り知れない潜在能力を持っているはずなのに、主体的な行動を起こすことができていません。

「将来やりたいことがない」「将来のためにどのように行動してよいか分からない」このような言葉を発する子どもたちが多くいます。

私が現場とする浦安市は東京ディズニーリゾートをはじめ埋め立て事業によって、近年急激に人口が増えた町です。朝夕の通勤ラッシュ時には、駅周辺に多くの人が集まっていますが、主体的に地域での活動に参加している人はごく少数です。

子どもたちの行動範囲も「家庭、学校、習い事」の域を出ず、視野が広がりません。高学歴の両親をもつ家庭で育ち、さまざまな習い事に通い詰める新浦安に住む女の子は、「親戚の子たちは楽器のコンクールで

賞をとったりしているけど自分は賞を取ったことがない」と「コンクールで賞をとったことがない＝自分は出来の悪い子」という思い込みを抱えていました。また「水泳を習っているので『水泳の選手になりたいなぁ』と考えたりしているけど、他にもなりたいものがいくつかあって迷っている」とも

うらやす子ども起業塾の様子

言っていて、将来のために具体的にどのように行動してよいか分からないで、もがいている様子でした。

大人が子どもの意志を否定する

　さまざまな原因が考えられますが、現状の根本原因の一つに「子どもたちが主体的に行動できるような場が少ない」ことが挙げられます。

　現場の子どもたちを見ていつも驚かされますが、子どもたちは大変好奇心旺盛で、大人が場を用意してさまざまな経験をさせてあげればどんどん吸収していきます。現状として子どもたちが積極的に行動できていないのは、決して子どもたちに行動できる能力がないからではなく、能力を生かすことのできる環境がないからです。

　もう一つ大きな原因は「大人が子どもの意志を否定する」ことです。これに気付いたのは現場で、女の子が発した「どうせ、私が何言っても大人はダメって言うんでしょ？」という言葉でした。講座でアイデアを考えてもらったり、問題解決を求められる場面に出合ったとき、子どもたちは答えをすぐに知りたがる傾向があり、大人に「どうすればいいの？」とすぐに聞いてくる場面が多々あります。子どもたちがこのようにすぐに答えを知りたがるのも、子どもの意志を尊重せずに、大人が考

える「答え」を子どもにも「答え」として教えることに原因があるように思います。しかし、これからの時代には「答えのないところに答えを自分なりに考える」力こそが必要なのです。

なんでこんな人間なんだ

「なんで私はこんなバカなんだ、なんで私はこんなに無能なのだ、なんでこんな人間なんだ」これは私が中学3年生の時に、学校や習い事で評価されなかった日に書いた日記です。

当時、漠然と「報道記者になりたい」という夢はあったものの、引っ込み思案で人前で話すことが苦手だった私。周囲と自分を比較しては「自分は何でこんなダメな人間なのだ」と心の底でいつも苦しんでいました。

母親からのメール

私の努力を決して認めてはくれないと思っていた母親から、大学3年生の時に、興味のあった新聞社でのインターンシップ先を自ら開拓したとき「あなたの頑張りには感心します」というメールが届いたことや、メディアサークルの幹部として千人規模のイベント運営を成功させた体験により、自分の可能性を少しずつ信じることができるようになっていきました。

そして、自分の殻に閉じこもらずに一歩を踏み出せば、夢は夢で終わらずに形になるのだということを知りました。

プレゼン練習をする子どもたち

他人と比較しない自分

　一新塾でプロジェクト活動を始めてから、私は他人と比較することがなくなりました。小さいころから、引っ込み思案だった自分も、今、この活動をすることによって、そういう自分を変えている途中であると思っています。たぶん「この活動を辞めるとまた元の自分にもどってしまう」そんな風にも思うのです。だから、いろいろ大変でも、苦手なことばかりでも、子どもたちと一緒に成長したいと思っています。

　私は決して物事を器用にこなせる人間ではありません。しかし、もともと才能に満ち溢れていて完璧に物事をこなせる人間などほとんどいないと思います。不器用でも、「あきらめなければ夢は叶うのだ」ということを、自らの生き様を持って伝えていきたいと思います。私は周囲の他人と自分を比較せず、ありのままの自分で生きていきます。

うらやす子ども起業塾

　ビジョン達成の手段として、在塾中２年間「地域社会全体で子どものチャレンジを応援する場を創る」とプレゼンで言い続けていましたが、仕事と両立しながら子どもを集める方策が分からず実現への道は困難を極めました。

　しかし、浦安市の職員の方や、私のビジョンに共感してくれた仲間たちの協力が得られたことによ

子どもたち同士で話し合い

り、2014年8月に浦安中央公民館で、第1回目の「うらやす子ども起業塾〜失敗を恐れず Let's challenge〜」を開催することができました。この「うらやす子ども起業塾」は小学5年生から中学3年生までの

うらやす子ども起業塾の出店

10人を定員として募集し、7月から10月の土日に10回ほど講座を受けてもらい、『浦安のみんなを笑顔にするお店を出す起業体験』をしてもらいます。浦安市には毎年9月に「浦安フェスティバル」というお祭りがあります。そこに出店するお店をみんなで協働して企画・制作し、売り、お金を管理し、振り返って活動体験を発表するところまでやってもらうというプロジェクトです。

　資本金は親から1人1000円を集めて、子どもたちには企画と事業計画書を作ってもらい、大人に銀行担当者をつくり、事業計画を見てお金を貸し出すかを決めるという本格的なものです。利益が出ればお金は戻ってきますが、赤字になれば、お金は戻ってきません。最後の講座はその発表と子どもの活動体験で、ひと夏1期の体験が終わります。

　2014年に第1回目を開講した後、好評を得て毎年実施し、2017年は4回目の講座がスタートしました。まだまだ試行錯誤の最中ですが、これまでの講座に参加した子どもたちが、夏の講座が終わった後も地域でのお祭りなどで活動を続けてくれて、「浦安で起業したい」「起業塾のような講座を運営してみたい」と、将来の夢を語ってくれるようになったことは大きな一歩です。

11 教育 ②

「谷町キッズポップフィルハーモニー楽団」立ち上げ

北原さとみ (きたはら・さとみ)

音楽プロデューサー
谷町キッズポップフィルハーモニー楽団設立
　　　　　　　　　　　応援団長

一新塾36・39期大阪地域科

●プロフィール

20代からピアノ、エレクトーン奏者として、大阪のホテルを中心に活動。西日本を中心にイベント、コンサートでは音楽プロデューサーとしても活動／ホテル界イベント業界一筋30年／これまで多くの新人を業界にデビューさせてきた。講演会、セミナー、トークショー、審査員、執筆なども精力的に行う／2015年一新塾入塾／2016年谷町キッズポップフィルハーモニー楽団設立応援団長に。

市民を生きる知恵

乗り越えた経験を次世代に

　20歳の頃から、ピアノやエレクトーンなどの演奏者として、また、音楽プロデューサーとして音楽業界一筋でずっと仕事をしてきた北原さん。20代の頃はバブル期でホテルのオープンラッシュ。30代バブル崩壊後は、ホームグラウンドにしてきたホテルも潰れ、演奏していたスカイラウンジもなくなり、パーティーでの生演奏、ディナーショーなどの仕事もなくなり、ホテル界もイベント業界も不況が続きました。その後、若手育成に更に力を入れることにした北原さんは「演奏力や歌唱力のある若手が必ずしも活躍するとは限らない。技術のある若手と仕事が出来る若手は全く異なる」と言います。では、どうやって仕事の出来る若手を育てるか。波乱万丈の時代を乗り越えた経験を次世代に、プログラムを作り、その中で多くの成果も生み出してきました。ここから教育に関する関心が強まったそうです。(森嶋)

演奏者からプロデューサーへ

　私が20歳の頃は、友達の家のようにお金持ちではなかったので音大には行かず、漠然と留学に憧れていて、自分でお金を貯めてドイツに行こうかなといったぼんやりとした夢があったと思います。当時のOLは手取りが10万程度の時代で、就職したところで生活ができませんでした。元々頑張るのは苦ではなかったので、演奏者で頑張ろうと思いました。

　社会に出てすぐバブルになりました。大阪はホテル戦争といわれ、次々とホテルがオープンした時代でした。スカイラウンジでの演奏、レストラン、ブライダルなど、演奏の仕事はたくさんありました。20歳代中頃までは、演奏をしているかタクシーで移動をしているかの生活でした。1カ月のタクシー代は25万円にもなり、タクシー代のために仕事をするようなものでした。

　その後、オープニングの仕事、イベント、式典、展示会、フェスティバル、などさまざまなステージの仕事があり、27歳頃にはプロデューサー的な仕事を手掛けていくようになりました。

　しかし、30歳代になり、バブル崩壊。見た目は演奏や音楽で華やかで「趣味と実益が兼ねれてよい仕事ね」と何百回言われたか分かりませんが、実際には、音楽を通じ他のホテルよりお客が来るようにと集客提案を求められ、更に不況になるとホテルが潰れないようにする企画をしないと自分たちの演奏の仕事がなくなる、というセールスを考えての仕事でした。

　不況になった頃は、幸いキャリアも10年近くあったので、音楽ステージのイベントやコンサートを考案していく所からが仕事になりました。

若手のデビュー、育成がやりがい

　若手のデビューの育成もやりがいある重要な仕事です。私自身は音大

の学歴もなく音楽業界で活動していました。音大や芸大卒の子たちに仕事の仕方を指導してきましたが、演奏力や歌唱力さえあれば仕事があるというものではありません。技術のある若手と、仕事が出来る若手は、全く異なるということを社会で学びました。コミュニケーションやチームワークも必要、管理能力や責任感、見た目より体力も必要です。仕事のたくさん出来る人、オファーのある人を育てるのが私の役目です。

育成のポイントは、本人の自己成長です。「自分が成長し→成長するから仕事が入る→そしたら収入になる」、これを本人が実感したときにやりがいになり、成長こそがお金で買えない財産と分かったときに、モチベーションが上がり仕事を継続しようと思のです。

教育に関心が高まり、やりがいとなったのは、多くのデビューを担ってきたからです。それまで業界一筋の生きかたをしてきましたが、40歳代になった頃から、これまで得たノウハウを、もっと社会に伝えていきたいと思い、執筆活動、講演会、セミナー、トークショーなど、活動の場を広げていきました。その頃の私は「社会を支えるのは多くの人たちの力であり、政治家だけではないんだ」と私の意識が変わっていました。

思えば10年前、31歳の私に、ナント！　ある社長さんが、「北原さんみたいな人が日本の将来を支えてくれるなんて日本も捨てたもんじゃないな」と言って下さったのです。当時の私は「このおじさん何言ってるんだろう？　私日本なんて支えてないし、政治家になんてならないし」と思ったのを強く覚えています。しかし、この歳になり、10年前に社長さんに言われた言葉の意味を自ら理解するようににっていました。

「谷町キッズポップフィルハーモニー楽団」を設立

50歳になり、早く何かをしなければ、と焦る中、日々は毎日の仕事に追われます。何となく「こんなことができたら」と漠然とした夢をもちながら、ではどこから手をつけるか。これまでやってきた仕事を早く次

第3章■すべての人は志を生きられる

世代リーダーに任せ、社会活動に移行していかねば、と焦っているときに、一新塾と出合いました。

　財団をつくって社会にお金を回し、奨学金制度や福祉、平和などこれまでしてきた仕事の知恵を生かして活動したいという計画が漠然と頭の中にありましたので、入塾最初の半年はその壮大な活動を具体的にまとめていく作業をしていましたが、入塾7カ月目に突然それとは別に、楽器の演奏を通じて社会活動をする「谷町キッズポップフィルハーモニー楽団」を設立することになりました。

谷町キッズ楽団で献血の呼びかけ

子供を指導して収入を得るというのはこれまでしていなかったことや、テレビで知る子供の6人に1人が貧困なことなど、私の中で、「これはNPOでやろう」という自然な選択でした。

　大阪の中央区の子供たちを中心に、音楽を通じての仲間づくり、社会活動に取り組む非営利団体としての計画です。年末のギリギリに話が浮上し、年明けの年始イベントの後、作業を開始しました。

　1月に構想をまとめ、2月にチラシ作り。しかし、目の前のキッズ楽団の業務は山積みです。そんな中、同期の塾生のサックス奏者の白起かすみさんに、ダメ元で「夏休みちょっと手伝って」と助けを求めると「もちろんよ」と嬉しい返信。16日間のサマースクールに5日間の練習、秋の計画に夏の報告書。業務が多くて、夏休みの手伝いのつもりで声か

けした白起さんに、10月から一緒に活動してもらうことになりました。

　子どもたちには音楽を通じ、演奏を通じて社会活動を行うことで、多くのステージを経験し、自分に自信を持ち、行動や発言が出来る人になって欲しいと思っています。さらに、自主性、仲間作り、チームワーク、責任感など、子供たちの健全な成長をサポートする楽団として、街の人たちからも支援をしてもらおうと関わっています。

谷町キッズ楽団の屋外練習風景

　対象者は小学生〜中学生、楽器は無料で楽団よりレンタルできます。非営利団体なので、保護者の方の負担にならないよう全て低料金で運営し、通常の演奏の練習は週1回です。

楽団員募集企画「夏休みわくわく教室」

　さっそく、設立の楽団員募集の作業と並行し、「夏休みわくわく教室」を企画しました。大阪府警音楽隊のステージ見学、山本の能楽堂のワークショップ、楽器工作教室、宿題教室、アフリカン太鼓のワークショップ・地蔵盆のパレード出演、キッズマネー講座、など夏休みの過ごし方など、サポートできるようなプログラムを延べ15日間実施し、楽団員は全て参加費無料としました。

　夏休みの活動のための、助成金申請、教育委員会後援の申請、ユニフォームの作成、町内会などへの広報活動、学校へのＰＲ、ＨＰ作成など全てを同時並行で実施していたため、かなりのハードスケジュールでした。

近い将来の楽しい計画そして夢

　今は子どもたちも順調に集まり、初年度は20名程度にし、内容固めを重視しようという方針で現在進行中です。時々、プロ野球やサッカー選手たちが、子どもたちと一日教室で交流しましたというニュースがありますが、近い将来その音楽版として、「大阪フィルハーモニー楽団と一日練習する」というような計画を実施したいと思っています。また、設立当初、まだ形もなく楽団員も誰もいないときに「1周年はホテルニューオータニでできたらいいな」といっていた構想も計画通りに実現しました。

　これまで、子どもたちとしゃべるなんて殆どなかったので、キッズとの会話が私にとって新鮮で、とても楽しい日々になっています。キッズ楽団の活動は、私がイメージしていた通りに着々と前進しています。毎週1回の練習に加え、楽団員以外に誰でも参加できるプログラムは年間60日以上。1年間、突っ走ってきましたが、形になってきたと思います。

谷町キッズ楽団の室内練習風景

　これは、これまで、音楽業界、イベント界、ホテル界での経験をしてきたからこそ、そして何より「多くの人が気持ちを持って携わってくれているからだなぁ」と、日々実感しています。

　※谷町キッズポップフィルハーモニー楽団　http://tanimachikids.jp/

| 11　教育　③

総合共育で、夢や目標を持てる人を育みたい
～仮説から確信へ

黒田忠晃（くろだ・ただあき）

La CLo 代表
ＮＰＯ法人親育ネットワーク代表理事
一新塾 23 期 名古屋地域科

●プロフィール
携帯電話の通信サービス会社、大手学習塾での経験から、時代に必要な教育を追求／２００８年３月に学習塾を退職／2008 年 10 月に一新塾へ入塾／2009 年愛知県日進市で数学コーチングスクール（現 La CLo）を設立／数学と総合共育の実践、子育て世代を対象に全国で講演・講座も行う／2015 年、同じ志を持つ仲間と NPO 法人親育ネットワークを設立、代表理事に就任／共育共創家。

夢にこだわり続ける

市民を生きる知恵

　子どもの頃から先生になりたいという夢を抱いていた黒田さん。大学時代に大手学習塾で、学生講師として奮闘。大学院終了後は、携帯電話の通信サービス会社に就職。しかし、子どもの人生の一端を担う仕事のやりがいを忘れられず、自分の夢を捨てがたく、愛知県下の学習塾に転職。学生時代も含めた12年の塾講師時代、自分を見つめ直すことを通じて、「人生＝教育」を強く実感。そして2009年、理想の教育を実現するために「数学コーチングスクール」を開講しました。「主体的に考えて学ぶ力をつけていくことが必要」と語る黒田さんです。

　黒田さんも試行錯誤しながらも、夢をあきらめず、主体的に考え、自分の道を見出してこられました。数学を学び、論理的に考える習慣を身につけるとともに、苦手を乗り越える努力や忍耐力を養成し、総合共育により社会に目を向ける新しい教育の実践と親育に邁進中です。（森嶋）

先の見えない混沌とした時代

「人生の目的を持った人たちが、主体的に行動し、自分らしく、楽しく幸せを感じて、自分の路を歩んでいる社会」を目指したい。しかし、現状は、先の見えない混沌とした時代、閉塞感。時代が変わり、社会環境も大きく変化し、苦手を乗り越える力や地道な努力、忍耐力、考える力、コミュニティといったものが失われているのではないでしょうか。ストレスを抱えている人も多いのではないでしょうか。夢が描きにくい環境なのかもしれません。

夢を諦めたくない

私は子どもの頃から、教師になりたいと考えていました。近所の子どもたちを率いて遊んでいた経験や、同級生に勉強を教える機会があり、その子から感謝されたことが積み重なったからだと思います。そこで、公立高校へ進学し、その後、高校数学の教員免許が取得でき、かつ興味のあった通信関係も学べる大学を目指しました。1年浪人し、受験しましたが、失敗し、第2志望の国公立大学に進学することになりました。しかし、この大学では、高校数学の教員免許を取得できません。教師の道を諦めかけたとき、ある大手学習塾に出会いました。そこで学生講師として、愛知・三重で6年間指導経験を積むことになりました。

大学院修了後の進路はとても迷いました。塾業界に、そのまま就職することに違和感があったからです。そこで、夢を手放し、大学で学んだことに関連した、携帯電話通信サービス会社に就職しました。ここでは社会人としての基盤を身につけることができました。しかし、子どもの人生の一端を担う仕事のやりがいを忘れられないのと同時に、夢を諦めたくないという思いが疼いてきました。

そこで、愛知県下の大手学習塾に転職。新規校立ち上げに参加、ＴＶ

CM・番組出演、校舎責任者として塾運営全般にも携わりました。子どもたちのためにと、全力を注いできました。しかし、私が育った時代にあった「いい高校・いい大学へ進学し、いい会社に入れば一生安泰」という価値観が崩れてきた時代において、未だ、「成績」「進学実績」を第一に求めたり、教材等全てを与えて受け身の姿勢をつくる塾業界に対する違和感、私の大切にしたい「学校の教科にとらわれない、その人の持っているいい部分を引き出し、認め、その人らしく主体的に生きられる人を育む」という教育観との相違から、2008年3月に学習塾を退職。すべてをゼロベースにしました。

マルチスペースの椿館

その後、自分を見つめ直すため、今までに自分の触れたことのないジャンルの方と関わる機会を創った結果、「人生＝教育」であることを再認識し、教育の場を自分で創る想いがより強くなりました。思えば、私の親や祖父は「小売業」「自動車タイヤ修理販売業」を営んでいました。子ども心に、自分のやりたい仕事を楽しくやっているように感じていました。やはり、先に挙げた教育観を元にした教育を行い、実現したい社会を形にするには、自分がやるしかないと思いました。

一新塾で殻を破ってミッション遂行へ！

2008年10月、大きな転機が訪れました。自己研鑽のため、足つぼを習っていたのですが、その仲間から一新塾を紹介されました。説明会に参加し、自分の考えを事務局長の森嶋さんや事務局の近藤さんに伝えたところ、共感をしていただき、それが、社会起業家として進む自信へと繋がりました。

第3章■すべての人は志を生きられる

ＰＴＡでの講演風景

そして、愛知県日進市ある「椿館」との出会い。ここは、古民家を利用してカフェやデザイン業務、市民活動を行っているマルチスペース。ここなら、子どもたちに勉強以外のさまざまな経験を積む機会を創ってあげられる。

ご縁がつながり、「総合教育で、夢と目標を持てる子どもたちを育みたい」という想いを掲げ、2009年1月16日、9名の子どもたちと共にスタートしたのが「数学コーチングスクール」。小中学生を対象に、数学を通じて、「できた」「わかった」をたくさん体感してもらうことで、自己肯定感・効力感を高めると共に、苦手は変えられることを知ってほしい。そして、思春期の多感な時期に、自分や周りと向き合う心の学びや、畑作業や田植え作業、体験学習を入れた遠足など、総合学習を行う場も創りました。

志ある仲間と共に学ぶ一新塾の場を通じて、自分だけで完結しようとしてしまう習慣に、仲間から新しい視点をドンドン入れてもらい、何度も自分の殻を破りながら、形にしていきました。一新塾の仲間と協働で進めた企画もあります。例えば、父親の子育てプロジェクトに取り組む方と協働で考えた「電磁石の理科実験教室」。また、本の地産地消プロジェクトを参考に、読書の機会を作るため「本の紹介ＰＯＰ作りコンテスト」も行いました。

ビジョンが進化

活動を通じて、さまざまな教育問題に触れたり、お母さん方のご相談を受けることも増えました。また、「いい高校・いい大学へ進学し、い

い会社に入れば一生安泰」という旧態依然の価値観の元で子育てを行い、苦しんでいる親子も見てきました。さまざまな教育相談に対応できるよう、コミュニケーションやいじめ、不登校・引きこもり、ネットモラル等の自

棚田での農業体験を通じて総合共育

己研鑽も積んできました。また、一新塾の同期である大阪地域科のやまもとまゆみさんからも、発達障害の知識や、発達障害を抱えた子どもたちへの対応の仕方等を学んだことを通じて、指導の幅も広がりました。

　子どもは、周りにいる大人、特に親を見て育ちます。たとえ子どもが変わろうとしていても、親が変わっていなければ、親のエゴで子どもの成長を妨げることがあるため、「大人が変わる、大人が輝く」という部分にも焦点が当たるようになり、「総合共育で、夢や目標を持てる人を育みたい」と想いが進化。親も子も私自身も共に学び、育つ場を、共に創って活動を続けてきました。

　今は、日進市だけではなく、全国にご縁がつながり、コミュニケーションや心の在り方や生き方をお伝えする講座や講演も、学校や行政主催の場等でさせていただけるようになりました。

　そういった経緯から、数学を学ぶ場だけではなく、人生も学ぶ場となったため、「数学コーチングスクール」から、「人生の目的を持った人たちが、主体的に行動し、自分らしく、『楽』しく幸せを感じて、自分の『路』を歩んでいる」という意味をこめて、「La C Lo（ラクロ）」と屋号を変えました。「親と子が共に認め合い、幸福感を感じながら、笑顔で生活している」そんな社会ビジョンも折り込んで。

仮説が確信へ

主体性が育まれる学び舎

卒業生も増え、便りをくれたり、会いに来てくれたりすることもありますが、その子たちが中学生のときに描いていた将来像を形にしようと、キラキラ輝いて、その道のことを学ぶために進学したり、就職したり、着実に動いている様子を見聞きすると、とても嬉しくなります。

また、大人を対象とした講座受講生の方々の、心の在り方が変化し、その人自身の生き方が楽になったということを聴く機会も増えました。また、大人が輝くと子どもにも変化が出てきて、今まで自分の想いを外に出さなかった子が、心を開くようになったということがありました。仮説が確信に変わってきたことを肌で感じる日々です。

親が輝くためにできること

活動を通じて、「子どもの変化も大切だが、その前に大人が変わらなければ、子どもも社会も変わらない」という想いを持った方にたくさん出会いました。

そんな中、私が開催している、子育てに役立つ「子ミュカ®コーチング講座」を受講していただいた方と話が盛り上がりました。「各地に点で存在している同じ想いを持った人が集まって、面となって想いを発信したら、より社会に対して影響を与えていけるのではないか」その勢いで、想いに共感してくださった一新塾の仲間も巻き込んで、2015年2月に「NPO法人親育ネットワーク」を設立。「『親育』を通じて、これからの時代に必要な親の在り方、子育てを考える場、子育ての悩みを共有できる居場所を創っていこう」と、新しい活動もスタートしました。

12　政治　①

日本変革に向けて
地方分権のモデルを千葉で創る

熊谷俊人（くまがい・としひと）

千葉市長
一新塾18期東京本科

●プロフィール
1978年生まれ／神戸市出身、千葉市中央区在住／1995年阪神大震災被災／電気・ガス・水道などのライフラインが全て止まり、自衛隊のポンプ車のお世話に／早稲田大学卒業後、2001年ＮＴＴコミュニケーションズ（株）入社／06年一新塾第18期入塾／07年4月千葉市議会議員選挙に当選／09年千葉市長選挙に当選、31歳で市長に就任／政令指定都市としては歴代最年少／2013年再選／2017年3選／一新塾講師。

次世代の志に火をつける

市民を生きる知恵

「未来のためなら、石を投げられてもやるべきことをやる」熊谷さんの一貫した姿勢にはブレがありません。塾生時代は、子どもと議会の架け橋プロジェクトを立ち上げ奮闘。

「政治に新しい人材が入ってこないことが問題だ。そのために、政治に縁のない自分でも政治家になれることを証明したい。自分と同じように政治に縁がなくとも、熱い思いがあれば政治家を目指すことができるよう道を切り開きたい」と語っていた熊谷さん。31歳、熊谷市長誕生のニュースは、全国の若者の志に火を点けることになりました。学生時代、駅でビラを配っていた政治家に近づいても未成年であった熊谷さんはビラをもらえなかったそうです。未成年者へのビラ配布にこだわる熊谷さんは「未成年者は票を持っていませんが未来を持っている」と語ります。熊谷さんが次世代に与える影響力は計り知れません。
（森嶋）

行動しなきゃいかん

いま千葉市長をやらせていただいてますが、その原点の1つはこの一新塾での仲間との切磋琢磨だったと思っています。行動力に飢えていて、何かやろうとしている仲間を横目で見ながら「行動しなきゃいかん。動かさなきゃいかん一人でも」という思いで活動していました。

29歳で市議会議員になり、31歳で市長になりましたので「二世ですか？」と聞かれたこともありますが、私の一家は普通の会社員で、政治には何の縁もない家庭環境です。そういう中で、なぜ、私はこの世界に入ってきたのか？

もともと中学生くらいから歴史が大変好きでした。歴史と言っても特定の歴史や特定の人物が好きとかではなくて、歴史の因果関係の部分に興味がありました。明治、大正、昭和ときて、まさに今の政治が歴史になっていくわけですけれど、政治への関心は中学・高校生のときには国政にありました。

阪神淡路大震災に遭遇

私は阪神淡路大震災のときに、神戸市に住んでいまして震度7を体験しています。高校2年のときのことです。電気・ガス・水道などのライフラインが全て止まり、自衛隊のポンプ車のお世話になりました。当たり前だと思っていたライフラインは、誰かが一生懸命維持しているから成り立っていることを痛感しました。

さらに、自分が普段行っていた場所が焼け野原になる体験です。どうして焼け野原になるところと、そうでないところが、ここまでくっきりと差が出てしまうのか、何があれば防げただろうか？　道が狭ければ消防車も入れないし燃え広がっていく、いわゆる区画にさまざまな課題があることがよく分かりました。そして、その区画は何も行政がしてな

かったのかというと、そうではありません。そういう地域は区画整理の対象区域になっていたり、もしくは道路の拡幅の対象区域になっていたりするケースが多いのです。しかし、住民合意がなかな

2006年の研修合宿で千葉市ビジョンをプレゼン

か進まなかったところが大きく焼け野原になっていったのです。

その状況を見て、国政ばかりが政治、行政だと思っていたのが、自分の足元のところで、普段何気なく歩いている道や区画など全てに意味があったのです。それをもって自分自身は地方行政と地方政治に携わりたいという思いが大きくなりました。

通信会社へ

一方で、政治の世界にいきなり、何の縁もない自分のような人間が行くということは想定していませんでした。大学時代は、インターネットが一気にきたときです。私はもともと中学時代からパソコン通信をやっていて、インターネットが社会を大きく変えるという確信を持っていました。「その世界を体験したい、インターネットでさまざまなサービスを展開する企業も面白い」と思いましたが、それを支えるインフラや、プラットフォームのところに自分は勤めたいと考え、通信会社に入りました。

第3章■すべての人は志を生きられる

政治への挑戦

30歳に近づいてきたときに、自分の中で「仕事も面白く、いろいろなポジションに就いていくので、このままいくと通信業界でだんだんと辞めにくくなってくるな。プライベートでも、結婚したり、子どもができれば、さらに挑戦しづらくなる。自分の人生の中でずっと思い続けてきた地方行政・政治への挑戦は、そろそろ最初で最後かもしれない」という思いを持ち始めてきました。統一地方選挙の4年に一度が、何歳の自分の節目か、全部イメージしていましたので、29歳の節目をどうするのか、向き合わざるを得なくなりました。

そのときに、この一新塾の卒塾生でもある衆議院議員の田嶋要さんと出会いました。私の当時の上司がアメリカで田嶋さんと仕事をしていたという関係で紹介いただきました。政党の千葉市議会議員選挙の公募に応募し資格をいただきました。そうはいっても準備時間があまりなく「ならば4年先送りして33歳で準備万端で挑もうか」とも思いましたが、人間何事も万全な状態で挑戦できるタイミングがそう来るものではないので、今回チャンスをもらえたというのは、挑戦するタイミングなんだろうと思い、会社を辞めて千葉市議会議員選挙に挑戦しました。こうして、私がこの政治の世界に入らせていただきました。

政治の原点

日本人は18歳選挙権のときもそうですが、よき投票者を育てるという発想が多すぎます。そうではなくて、民主主義はまず基本は立候補からですから。立候補する余裕、時間のない人が、代わりに出た人を応援するのが民主主義です。そういう意味ではまずは自分自身が基本的に発言し行動し参画をします。しかしながら、多くの人たちは、政治＝国政という意識が強いがために、テレビの向こうの世界という感じなのです。

みなプロレス感覚、自分はリングに上がってなくて観客になっている。自分がリングに上がればこんなに無責任ではいられない。「自分がリングに上がっているんだ」という認識をするためには、国政でなくもっと自分のことと考えられる基礎自治体、市政なり区政で政治に触れていかなければならない。ですから、そこの政治の原点は見せねばなりません。

政令指定都市の市長になる

　そして、市政の魅力ですけれど、なんといっても、最前線の自治体です。基本的に国とか都道府県になると住民と直接向き合う回数はぜんぜんレベルが違います。私たちは住民の喜怒哀楽に触れるわけです。ですから、喜ばれることもあれば、怒られることもあれば、泣かれることもあれば、住民のそうしたものにダイレクトにビリビリと緊張感が来るような形で向き合っています。最も市民ニーズが把握できる自治体であり、逃げられない自治体なのです。

　国の制度の批判も聞くものですから、そういう意味では、都道府県や国が決めたことが、いったい住民にとってどういう風に位置づけられるか、全部私たちが受けとめて応対をしているのが実態です。

　私は政令指定都市の市長になるというのが、この世界に入っていく目標でした。自らの判断で都道府県の業務の多くが移譲された政令指定都市というのは、まさに逃げられない自治体です。逆に言えば、自分の責任で多くのことができる自治体なのです。政令指定都市こそが、本当の意味で、地方分権で国に関わらず、こういうことができると示せる一番の存在なんです。そこで地方分権のモデルケースを創っていくことがこの世界に入る大きな目的でした。

子ども医療費の市民との対話

　私が市長になってから、子ども医療費の助成対象を小学校入学前まで

第3章■すべての人は志を生きられる

だったものを、対話を通じて、最終的には中学校3年生まで引き上げました。当初、小学校3年生まで1回

塾生からの政策提言にコメント

引き上げて自己負担が300円でした。そのときに、「自己負担300円をゼロ円にしてください」とよく言われました。自己負担300円をゼロ円にした場合、年間3億5千万円くらいかかります。「ちなみに3億5千万円かけると自己負担300円のままで小学校6年生まで上げられますが、あなたはどうしますか？」という話をすると、ほとんどの人が「自己負担300円でお願いします」となります。この対話をやっていると、自然と「ということは市長、自己負担を増やすと中学校まで上がりますか？」という話になる。「そうなんです。自己負担を500円にすると中学校3年生まで引き上げることも同じような金額でできますよ。」と言うと、さっきまで、ゼロ円でという人たちが「500円まで上げてくれ」と言うようになりました。

　大きな案件では、必ずこういう対話をするようにしています。これをしてから、自己負担をタダにしてくださいという話はほとんどなくなりました。自分たちのことは自分たちで決める。千葉市では、市民の人たちに続々とリングに上がっていただいています。

12　政治　②

暮らして良し！ 働いて良し！ わがまち創生
チャレンジ！　山口県内で、初の女性市長

久保田后子（くぼた・きみこ）

宇部市長
一新塾6期通信科

●プロフィール

早稲田大学卒業後、ドイツに1年間学び、帰国後、民間企業勤務／1990年、夫の故郷である宇部市にIターン／政党、企業、組織に属さず、草の根市民活動から政治に参加、一貫して大組織に頼らない草の根選挙を戦い、常にトップ当選／宇部市議会議員（4年）を経て、山口県議会議員（10年）、2009年6月の宇部市長選挙にて初当選／山口県内では初の女性市長となる／2013年2選／2017年3選／一新塾講師。

市民を生きる知恵

UIJターンで人生と地域が変わる

　宇部市長として、UIJターンの政策にも注力されている久保田さん。その取り組みの背景には、ご自身の実体験があったと思います。生まれも育ちも東京で、もともと自分のフィールドは東京と思い、人生設計を描いていました。当時、政治の道へ行くとはさらさら思っておらず、ドイツへの留学経験を生かし、ドイツ語で勝負しようと考えていたそうです。しかし、夫の「宇部へ帰ろう」との決意に3年間悩みましたが「あきらめも肝心」とIターンされました。宇部市でとことん別の人生を考えてみよう、子どもをいい環境で育てたいと切り替えたところ、保育園のおやつが添加物いっぱいの現実に直面。市民としての主体性に目覚めます。そして、「台所の声を届けます」ともっと住民の声を聴く、住民参加のまちづくりを呼びかけ、政治家としての道が拓かれていくことになりました。（森嶋）

東京の豊かさってなんだろう

　私はもともと、東京の世田谷区にずっと暮らしておりました。東京で学び、そして、少しドイツで勉強し、そしてまた東京で仕事と、日本イコール東京、そんなイメージでした。ところが、大学で全国各地出身の学生と出会い、意識が変わっていきました。その一人が私のパートナーです。日本の地方都市の豊かさ、暮しやすさを知り、東京でギスギスと無駄にエネルギー使っていないか、東京の豊かさってなんだろうか、というようなことにだんだん気づき始めました。

宇部に夫がUターン、私がIターン

　夫は金融機関に勤めていましたので、当時は、2年ごとに転勤を繰り返して、異動辞令が出たら、本人は1週間以内、家族は2週間以内に引っ越しをするのが会社の決まりでした。私も仕事をいろいろやっていたので、夫の転勤辞令によって全て分断される。まるで夜逃げのような状態で次の勤務地に行かなければなりませんでした。これってなんだろう？　自分の人生を企業にすべて丸投げし、各地を転々として、子どもにとっても故郷のないまま、幼少期を過ごすのは、どうなのか、そのような思いを抱くようになりました。

　そのような中、夫が「故郷の宇部へ帰ろう」と言い出しました。当時の私は、東京以外の街で暮らすことは想像できず、即答で「オッケー」という返事にはなりませんでした。ではどうしたかというと、まずは、宇部市の情報を得るため、まず宇部の地元新聞と契約しました。そして、まとまった休暇が取れたときは、現地リサーチへ。飛行機・新幹線と、交通は非常に便利で、病院も学校も充実している。保育園ももちろん、学童もある。何より、お魚がおいしいし、野菜も新鮮で豊かな「食」に恵まれている街であることがわかりました。日々のことなので、このよ

うな生活環境の良さは、子育て世代にとっては大きなポイントでした。

東京に戻ってスーパーのお魚売り場で、宇部の白身のお魚と比べてみると、かなり値段が高いことに驚きでした。宇部は、

熱気に溢れる一新塾での講義風景

瀬戸内の魚だけでなく、日本海や周防灘の新鮮な魚介類が豊富なので、値段も安く新鮮。地価も安く、同じ日本と思えない物価、暮らしやすさを実感。そのような体験から、「ここで暮らすのもいいかな！」と思い始めました。しかし、最終的に夫のUターンに伴って、私がIターンを決断するまで、3年かかりました。

子どもを産み育てる上で、私たちは、どこで暮らし、どういう生き方をするのか？　組織に委ねるのではなくて、人生の選択権を自らの手に取り戻し、「豊かな自然の中で子どもたちを育てたい」との思いを大切にすることにしました。きれいな空気であったり、青い空や青い海であったり、緑に包まれた暮らしや思いっきり深呼吸ができるような暮らしは当たり前ではなく、とても価値のあるもの。結局、子どもが生まれたことが、私たちの地方暮らしのスタートとなりました。

なぜ、市議会議員に出ることになったのか

自然や暮らしやすさに魅了されて、宇部に移り住みましたが、子どもを育てる中で、いろいろ気づきがありました。そのひとつが、保育園のおやつ。色鮮やかな着色料に染まったお菓子が多く、子どもの健康への

配慮は大丈夫か疑問を感じるようになりました。「焼き芋でもいいから添加物のないものをお願いしたい」と、保護者会の時に保育園にお願いしました。怖いもの知らずの母親だったかもしれませんが、市職員は、少しびっくりされつつも、驚いたことに約1カ月後からおやつが変わりました。「指摘を受けて、いろいろ探してみたら、添加物のないおやつがたくさんあることが分かりました」とのこと。

　この経験は、私にとって衝撃的でした。行政と住民の関わり方、文句ばっかり言ってないで、「言うべき場できちんと言うことの大切さ」を体験したのです。小さなことですが手ごたえを感じたのです。

　「それならもっと言った方がいいよね」地域でもいろんな課題が出てきましたので、ママ友達と次々と活動をするようになり、結局、もっと私たちの声を政策決定の場である市議会に届けよう、政党や大組織に所属しない「市民の声を代弁する人を出したい」という考えに至り、住民の活動の中から、結局、私が「出るしかない」ということになりました。

　実は、夫の仕事は、小規模ながら地元で100年近くも続く老舗の温泉旅館で、「商売屋で政治なんてとんでもない」と舅・姑が大反対でした。でも、夫は、無理して東京から来たんだから「やりたいことやれ」と言って応援してくれました。

台所の声を届けます

　選挙の準備期間は1カ月ぐらいで、お金も知名度もない、人から人に口コミでつなぐネットワーク型ボランティア選挙でした。チラシもＡ４版の緑色の用紙で、キャッチフレーズは「台所の声を届けます」でした。当時は専業主婦で、私のステージは台所。小さな子どもを2人抱えて、自営業の夫と、舅・姑と暮らす中での選挙でした。天下国家の政治ではなく、台所という食を預かるところから見える地域課題に対して、もっと住民の声を聴く市政、住民参加のまちづくりを訴えました。環境問題

や子どものこと等、本当に生活に密着したテーマからのスタートでした。選挙結果は、何も大きな組織的バックもない、よその街から移住して来た私でしたが、歴代市議会議員選挙の最高得票となりました。

市議会に入ってみると、これは課題がすごいなと思いました。大学で学んだ政治学や地方政治、地方行政と現場はかなり異なっており、情報公開や開かれた議会の必要性を痛感し、「もう後に引けない、とことん政治をやろう」と腹を決めました。そこで、市議を1期やり、次は県議になりました。徐々に県内の状況がわかるようになり、宇部市の魅力や地域資源をもっと活用したら、街が活性化するという思いを強く抱くようになり、10年間県議をやった後、市長にチャレンジしました。

▌暮して良し！ 働いて良し！ わがまち創生チャレンジ！

平成26年11月に「地方創生推進」の法律ができました。すべての自治体が人口減少に負けない地域政策を作ることになりました。多くのところがコンサルタントを使って計画策定をされたと伺っていますが、本市は、人口データの分析を除いて、職員の手作りです。

キャッチフレーズは、「暮して良し！ 働いて良し！ 市民が誇りをもてるまち」、職員と一緒に考えたキャッチフレーズです。

宇部市での移住体験ツアーのチラシ

1. 安定した雇用を創出する
2. 新しい人の流れをつくる（UIJターン）
3. 若い世代の結婚・出産・子育ての希望をかなえる
4. 地域資源を活用した多様な地域社会の形成を目指す
5. 「にぎわいエコまち計画」に基づく都市基盤の整備

一例として、地域資源を活かした環境エネルギー分野では、宇部市に

広がる竹林活用があります。ひとつは、竹を発電のエネルギーにすることです。竹を使った発電は困難と言われていましたが、隣接市に新たに進出した企業が技術革新により、プラント建設の準備を進められているので、そこへの竹の供給システムを作っているところです。もうひとつは、美味しいタケノコづくりです。竹林の整備からタケノコ加工・商品開発ブランド化・販路確保までの連携したネットワークを作り、すでに「うっぽくタケノコ」として好評販売中です。

地方にあるフロンティア

　農林水産業から小売り商業など、現在、多くの分野で後継者不足が起きています。そこで、起業したい人を東京から呼ぶことを考え、東京でシェアオフィスやインキュベーションセンターなど、いろいろなところを回って起業したい人の話を聞きました。ＩＣＴ関連ビジネスをやりたい人がたくさんいるのに、東京は過当競争状態で、逆に地方は、ＩＣＴニーズがたくさんあるのにやる人が少ない。現在は、どの分野でもＩＣＴ化を必要としていますので、特に地方都市にあるＩＣＴニーズを見える化していく必要を感じています。

宇部市で田舎暮らし

　宇部市では、「都市と田舎がちょうどいい」ライフスタイルを紹介しています。とは言え、縁のない街に住む決断をするのは大変ですから、まずは試してみてほしいと、「お試し居住」制度を創設。農業やりたい人には「営農指導付クラインガルテン」もあります。さまざまな支援制度ときめ細かなサポート体制で、本市への移住定住を全力でサポートします。私自身が、移住地でやりがいのある仕事に出会えた経験者なので、移住定住促進にも一段と力が入っています。一度、宇部にお越しになりませんか。

12 政治 ③

オンリーワンのモデルを目指す

武広勇平（たけひろ・ゆうへい）

上峰町長
一新塾14期東京本科

●プロフィール
1979年上峰町出身／上智大学経済学部経営学科で地域経営を学ぶ／在学中に一新塾14期入塾、同志とともに「ペイント自転車プロジェクト」などの市民活動に取り組む／大学卒業後、国会議員秘書として政治の現場で経験を積む／2009年3月、上峰町長選挙に出馬し、全国最年少の29歳で初当選／2013年 無投票で再選／2017年 三選／一新塾講師。

ファーストペンギンになる

市民を生きる知恵

「南極にペンギンがいっぱいいる。だいたい氷の上で逡巡している。氷の下にたくさんの魚がいるかもしれないけど、サメ、シャチもいるかもしれない。そこに決意をもったペンギンが飛び込む。そうすると周りのペンギンたちもドボン、ドボンと飛び込みだす。そういう一羽目のペンギンでありたい」と武広さん。29歳の若さで上峰町変革に挑んだ武広さんは、自身の給与50パーセント削減を含め、財政再建を中心に取り組み、2009年からの8年間で、町（財政規模30億）の借金を30億円減らし、20億円の基金（貯金）をつくりだしました。さらに、小学校でのマンツーマンのオンライン英会話授業。子どもたちの「通じた！」という喜びと成功体験で得た自信は本当に大きいようです。こうしたマンツーマンでの英語教育がレアジョブとの協働によって実現したのも、まさに先駆けです。（森嶋）

第３章■すべての人は志を生きられる

個々の塾生の質問に親身に答える

　私も一新塾14期で学びました。「ペイント自転車プロジェクト」という冨田潤さんが始めたプロジェクトに参加させていただきました。驚いたのは、三鷹市立第四小学校の貝ノ瀬滋校長先生に直接お願いに行ったんですよ。そうしたら校長先生が、「いい取り組みですね、その機会をつくりましょう」と言ってくださって始められたんです。行動さえ起こせば、そういう風な場ってつくれるんだと、学生の自分には新鮮でした。
　2009年、当時、全国最年少首長として佐賀県上峰町の町長になりました。一新塾で学んだ「6つの箱」で「上峰町総合戦略」を作成しました。これに基づき、就任時、九州山口でワーストワンだった財政状況（将来負担）をナンバーワンにしながら、ふるさと納税（全国５位）等増収施策を積極的にすすめ、小中学校給食費無償化等、子育て支援事業を通じて人口増を維持しています。「1800ある自治体の中でオンリーワンのモデルを目指していこう」という決意を新たにしています。
　オンライン英会話サービス会社の「レアジョブ」と業務委託契約を結び、2015年度から小学6年生に向けて、マンツーマンのオンライン英会話授業をスタートさせました。2016年度は5年生と6年に広げて継続しています。現在、「分配から投資の施策」を掲げて、上峰版ＤＭＯの構築やビッグデータを活用した商品開発、道の駅整備と一体化した中心市街地再開発、儲かる農業の6次産業化推進に挑戦しています。そして、一人ひとりに寄り添う町政を心がけたいと思います。

12 政治 ④

自立した市民が新しい金沢を拓く

山野之義 (やまの・ゆきよし)

金沢市長
一新塾 17 期通信科

●プロフィール
1962 年金沢市生まれ／慶應義塾大学文学部仏文科卒／1990 年ソフトバンク株式会社入社／1995 年 4 月、金沢市議会議員選挙に立候補、初当選。4 期務める／2006 年 11 月一新塾 17 期入塾／2010 年 11 月、金沢市長選挙に立候補、「自立した市民による自発的なまちづくり」を呼びかけ、6 選を目指す現職を破り 5 万 8,204 票で初当選／2014 年 8 月辞職。10 月出直し選挙にて再選／一新塾講師。

常にチャレンジせよ

市民を生きる知恵

「常にチャレンジせよ」がモットーの山野さん。黎明期のソフトバンクに勤め、孫正義社長が、リスクを背負いながらも数々の経営判断をしていく、そんな現場で地を這う営業を体験されました。市議会議員になる時も、自らの足で歩き、市民一人ひとりに思いを伝えました。30代で市議会議員になった山野さんは、自分の「政治理念」は何なのかを常に自問自答しながら活動されたそうです。そして、議員になって8年目、自らの政治理念を「責任と誇りを持てるまち金沢」と掲げました。市長に就任された山野さんは、徹底議論し、その理念を基点とした都市経営ビジョンを示されます。「思いがけない環境変化があっても、理念に立ち戻ることで、変化に柔軟に、軸がぶれることなく対応できる」。リスクを覚悟しながらもチャレンジしていくことによってこそ未来が開かれるのだと思います。(森嶋)

第3章■すべての人は志を生きられる

金沢市のまちづくりビジョンを語る

　市議会議員になった時、私は自分に2つのノルマを課しました。一つは自分がトップだったらどんな判断・決断をするかを常に意識しようということ。もう一つは、2～3か月に1回はあえて金沢の外に出ること。一新塾にはいろんな思いをもった方の中に入って、自分に刺激を与えたいとの思いで入塾しました。また、石川県出身の一新塾生と交流する機会も得ました。

　2010年より、市長として「責任と誇りを持てるまち金沢」を理念にまちづくりに取り組んでいます。仕事始めに、幹部職員を集め、こんな風に言いました。キーワードは2つ。1つは「本物」。本物の金沢を徹底的にこだわっていく。本物とは何か。先輩方が営々と築いてきてくれた、連綿とつなげてきてくれた金沢の歴史文化を大切にする。でも文化や伝統は後生大事に守っていたら必ず廃れてくる。だから、常に新しいことに挑戦する。新しいことに挑戦して、そこで刺激を受ける。刺激を受けて化学反応が起きる。そこで付加価値が生まれてくる。その付加価値をつけて、今度は子どもや孫たちにつなげていく。これが、本物を大切にするということ。そして、もう一つは「広域」。私が市長になってから常に言っているのは「オール石川」「オール百万石」でまちをつくっていきたいということ。これまでの金沢の個性をしっかりと守りながら、自立した市民＝市民ブレインとの協働を進めることで、新しい金沢を拓くべく邁進中です。

12 政治 ⑤

主体的市民の輪を広げよう

秋山浩保（あきやま・ひろやす）

柏市長
一新塾 16 期東京本科

●プロフィール
1968年生まれ／1992年ベインアンドカンパニー入社／1994年（株）フォーシーズ社長室長等を経て常務取締役／1997年大前アンドアソシエーツ設立に参画／同年井上ビジネスコンサルタンツ参画の後、企業再生や経営コンサルティングに従事、在宅医療クリニックの事務長を歴任／2005年5月一新塾16期入塾／2009年11月柏市長就任／2013年11月再選／一新塾講師

主体性は深い自問自答

市民を生きる知恵

　大学生の時に大前研一氏の著書を読み、経営コンサルティング業界に就職された秋山さん。大前氏からのメッセージを「社会作りを行政に依存する意識から脱却しないと、社会は良くならない。自らのスタイルで、社会作りに関与すべし」と受けとめられたそうです。30代は中小企業再建の仕事に取り組まれた秋山さんは、41歳で、生まれ育った街の市長になる選択をされます。「将来の柏のためにやるべきこと」と「将来の子どもたちにツケを残さない財政運営」の両面を意識し奮闘されています。「主体性は深い自問自答。自分のこうしたいを突き詰めること。奥行きが深い。ゴールがないくらい主体性のエネルギーは湧いてきます」と語る秋山さん。「主体性」の奥の深さを実感する講義でした。「主体性」こそが社会変革の何よりの起爆剤なのだと改めて刻ませていただく機会となりました。（森嶋）

第３章■すべての人は志を生きられる

ペーパーを片手に柏市の政策を
熱く語る

　柏市は、東京のベッドタウンとして発展してきましたが、発展に伴って、たくさんの課題もありました。多額の借金、急増する75歳以上人口に対応するための医療と介護の問題、待機児童の問題、中途半端に残る開発計画など。2009年、「民のチカラ！市民本位・民間発想で柏は変わる！」と訴え、柏市長となり市政変革に挑んでいます。

　入塾は、2005年でした。当時は仕事との両立は大変でしたが、「6つの箱」を何度も書き換えることで、自分の問題意識の輪郭がはっきりしてきました。

　市長として奮闘する中で、主体的市民の底力を知る案件がいくつもありました。その一つが放射能の除染です。福島の原発事故で柏の放射線量が通常より高くなりました。そんな中、子どもたちのお父さんグループが自発的に動き出しました。横に広がり各学校で自主的な除染活動になりました。そのお父さんグループと市役所職員がタッグを組んで除染のノウハウを構築、マニュアルを作成。町会にも広げ町会全体で約100地域に活動が広がりました。市民によって除染がこれだけ広域に広がったのは柏だけです。やっぱり市民はすごい力を持っていると痛感しました。

　市民の活動の一つひとつはどれも尊いものです。壁にぶつかる時もあると思います。でも、めげないで、焦らないで、「正しいことをやっている」という信念の下に、主体的市民の輪を広げることで、毎日のように政策論争がなされ、価値観の論争がなされ、いいものができて、いい社会が出来上がればと思います。

| 12 | 政治 | ⑥ |

壁のない豊明市を市民一丸で実現する

小浮正典（こうき・まさふみ）

豊明市長
一新塾 30 期東京本科

●プロフィール
1969年大阪市生まれ／京都大学卒業／朝日放送㈱記者／米国ピッツバーグ大学公共・国際関係専門大学院留学／朝日新聞社記者／東京メトロポリタンテレビジョン／記者時代は臓器移植や安楽死の問題を報道／2006年イオン株式会社、広報マネージャー／2012年5月一新塾30期入塾／2012年8月公募により豊明市副市長に選任／2015年4月、豊明市長就任／一新塾講師。

転機に直面してのもがき方

市民を生きる知恵

　待ったなしで迫る少子超高齢化。一方で、公共施設は軒並み老朽化。道路や下水道などのインフラを加えた更新費用は、今後40年間で1200億円以上という将来予測。「市民サービスを維持しながら、いかに施設の長寿命化と統廃合を進めるか、これは日本全国の自治体の課題」と言う小浮さんが究極に目指す社会は「壁のない社会・壁のない豊明」。よそ者である小浮さんだからこそ、新しい風を起こし、風土を変え、壁を取り払うことが出来るのだと実感しました。市長選に出るかどうかの苦渋の決断。こういう場面でこそ、「市民のために！」と本来のミッションに立ち戻っての決断。小浮さんのかけがえのない人生の転機のお話をご紹介いただきましたが、その都度、もがきながらも決断し、壁を乗り越えて、志を生きる人生。転機に直面してのもがき方、かけがえのない知恵を学ばせていただきました。（森嶋）

第3章■すべての人は志を生きられる

市民一丸となっての
まちづくりを語る

　私が究極に目指す社会は「壁のない社会」「壁のない豊明」です。障がいのある方も、高齢の方も、女性も、外国人も、すべての豊明市民が、心身のハンディキャップや年齢や性別や国籍の壁を超えて、いきいきと幸せに暮らせる豊明を実現したいと思っています。

　皆さんにひとこと言いたいのは、もがいた方がいいです。自分の人生、何回も転職しているし、当然ながら、その過程では、いいときもあったし、悪かったときもあったんです。よかったときは楽しかったとき。でも、楽しかったときというのは思い出せないです。自分でも何をやっていたか、まったく。もがいていたときは、鮮明に覚えています。いやなことがいっぱい。でも、間違いなくもがいていたときに成長しているんですね。つまり、楽しいってことは、大した事やってないから楽しいんですよ。もがいているときは、自分の能力よりもちょっと上の部分をやっているから、しんどいんですよ、のりきれないんですよ自分の能力で、なかなか。だからいろんな人の助けも必要なんです、自分だけでは乗り越えられないから。そこで自分の人間の幅も広がっていくのかなというふうに思うんです。

　皆さんもいろんな思いをもって一新塾に入られていると思います。私も3年前そうでしたし、今もそうです。もがこう、と。このままでは日本だめです。地域もだめです。一緒にもがいてですね、この国を変えていってほしい、みんなで変えていこうよと、いった思いです。

247

12 政治 ⑦

未来への投資～20年後の枚方のために

伏見 隆（ふしみ・たかし）

枚方市長
一新塾7期東京本科

●プロフィール
1968年枚方市生まれ／学生時代、米国ウェストバージニア州に留学／1993年機械専門商社に就職／冷蔵庫の部品、船舶エンジンの部品、産業用コンピューターなどの営業、海外も飛びまわる／2000年一新塾7期入塾／2001年8月枚方へUターン／2003年枚方市議会議員に当選（2期）／2011年大阪府議会議員当選／2015年9月枚方市長就任／一新塾講師。

愚直に挑戦を積み上げる

市民を生きる知恵

サラリーマン時代、毎月の給与から納めている税金の使い道に対する疑問、そして官庁との取り引きを通じて違和感、疑問を感じながらも行動に踏み切れない、そんな思いから2000年に一新塾に入塾された伏見さん。卒塾後、脱サラし故郷の枚方へ戻り市議会議員に。枚方市議として8年、大阪府議会議員として4年、原点である「サイレントマジョリティの思いを行政に届けたい」という立場で奮闘されました。2015年8月、特に20～40歳代の転出が多いことに危機感を抱き、枚方市長選挙に立候補、初当選されました。講義で一番心を揺さぶられたのは、脱サラ直後の市議選で「ジバン」「カンバン」「カバン」なし、政治と何の縁もないところから、志一本で、1年4カ月間、毎朝、駅立をやり続けた粘り強い姿勢。愚直に「挑戦」を積み上げることの大きさを深く実感させていただきました。(森嶋)

第3章■すべての人は志を生きられる

塾生の真剣な質問に耳を傾ける

　2000年、サラリーマン時代に一新塾に入塾しました。塾で学び、多くの同志と出会う中で「政治家とつながりもなく、政治家に物申すことのない、私のような多くのサラリーマンの願いを行政に反映させたい」との思いが強くなり、脱サラして故郷の枚方へ戻り、2003年に枚方市議会議員になりました。

　「根っこ力」とは、きっと「絶対負けないぞ」という自分の中にある粘り強さだと思います。これは皆さんも、それぞれにお持ちだと思います。私自身、自慢できるような大きな話ってあんまりないんですよ。自信の無さから、良いところを自慢するよりも、逆に自分の悪いところばかり見つけてしまうんですよね。でも、そういうところから生まれてくる負けん気、「やったろうやないか」という心の底からの粘り強さです。まさに雑草の根っこのような感じです。華やかさがなくても這い上がっていく力、「踏みつけられても起きてやるぞ」という強くたくましい精神こそが、「根っこ力」ということではないかと思っています。

　それと、挑戦していくということです。今の自分の能力を超える新しい一歩を踏み出す。新しいといっても自分の今までの経験の延長線上でいいと思うんです。そこに新たなる一歩を踏み出すということは、絶対に良いことだと思います。私も今、枚方市長として、「未来を拓くために20年、30年先を見据えたビジョンを！」との思いで日々挑戦しています。

第4章

一新塾代表理事・事務局長
森嶋伸夫

・

「根っこ力」の育み方

1　一新塾の根っこ力を育むプログラム

　21世紀は組織でなく、個人がより豊かさを享受し、自由に生き生きと多様な個性と可能性を発揮していくことが新時代創造の活力源です。これまでの教育は、このような特徴があったと思います。

◆**現場主義でない**
知識が知識のままで終わってしまう。

◆**当事者意識が持てない**
社会の問題解決のプランニングが一人ひとりの人生と切り離されて行われている。

◆**行動できない**
答えがない時代、やってみなければわからないのに、調査や分析に時間をかけすぎる。

　そして、これからの21世紀の学びです。

◆**現場主義**
試練の現実の受け止め方を知り、現場に飛び込んで、現実の問題に応える。

◆**当事者意識**
自らの人生の必然を問いながら、繋げながら社会の問題解決のプランニングをしていく。

◆**行動**
何事もやってみなければわからない。いつでも仲間とつながり、走りながら、実験しながら考える。

　起点は外にあるのではなく、あなたの内にある「根っこ」が起点です。「敷かれたレールの歩み方」から「自らレールを敷く方法」へのパラダイムシフトです。

根っこ力を育むプログラム

一新塾のプログラムは、あなたの根っこを育む「行動実践型」です。12カ月のコースで毎週の平日夜間と月に1回、土・日を利用しての「講義」。そし

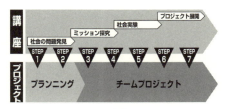

二本柱

て、並行して進められる「チームプロジェクト活動」の2本柱です。「チームプロジェクト活動」では、メンバー同士人生の根っこを掘り下げ合いながら、ミッション・ビジョンを研ぎ澄ませていきます。また、教室を飛び出し、現場視察を重ねながら、プランニング→アクションとPlan（計画）→Do（実行）→Check（検証）→Action（改善）を回していきます。

※ 上記は、東京本科の説明です。地域科は、1回の講座が5、6時間で、大阪・名古屋は年10回、仙台は年6回。（DVD講義の併用）

3つのコース

「チーム活動」の方向性によって、コースは以下の3つに分けられます。

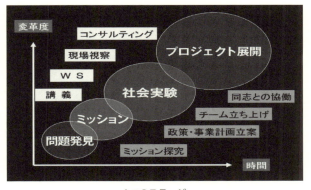

4つのステージ

①「政策提言コース」（生業として／仕事をしながら）

市民の立場で社会の問題の本質にとことんアクセスして、政策を立案し、賛同者を巻き込み、政治や行政

に働きかける。

② 「社会起業コース」(生業として)

　未解決の緊急課題にゼロベースで社会ビジョンを描き、ビジネスの手法を活用して、自らヒト・モノ・カネの資源を調達して、起業を目指す。

③ 「市民プロジェクトコース」(仕事をしながら)

　問題を抱える人たちのニーズをとことん受けとめ、突き抜けた社会ビジョンを描き、共感で人を巻き込み、問題解決に挑む。

4つのステージ

第1ステージ：社会の問題発見期
第2ステージ：ミッション・ビジョン探究期
第3ステージ：社会実験期
第4ステージ：プロジェクト展開期

(1) 第1ステージ：社会の問題発見期

◆講師の知恵に触れ社会を広く深く学ぶ

　日本は答えがない時代に突入しました。時代の岐路に立ち、様々な分野の講師の知恵に触れて、社会を広く深く学びます。

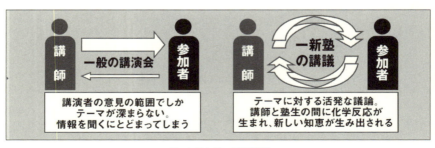

インタラクティブな講義

◆インタラクティブな講義

質問やディスカッション、ワークショップの時間もたっぷりとっていますので、講師と塾生との間に化学反応が生まれ、新しい気づきが得られます。

◆バックグラウンドの違う者同士の議論

価値観の違う者同士での議論によって、思わぬ発想に出くわしたり、自分が信じていた見方が覆されたりして、問題の核心に迫ります。

(2) 第2ステージ：ミッション・ビジョン探究期

◆ロールモデルの事例から学ぶ

講師や卒塾生が、「社会の現実」をどのように「自分の人生」とつなげたのか、ミッション・ビジョンを打ち立てたのかを学びます。

◆ミッション探究ワークショップ

「自分はどんな社会を望むのか？」（ビジョン＝自分が願う未来の現実）「どんな貢献をしたいのか？」「なぜ自分でなければならないのか？」プログラムのスタートで、上記のような問いに取り組んでいただきます。

◆個人面談〜ミッション探究コンサルティング

一新塾が塾生の皆様の支援をどのようにご支援させていただくかを事務局長と一緒に考える機会です。一人ひとりの志を受けとめ、この一年の目標、中長期の目標を達成するために、どんな鍛錬が必要なのか、どんなテーマで、どんなアクションに取り組むべきなのか、一緒に考えます。

◆自分だからこその使命を発見する『6つの箱』（P31参照）

ミッション発見「社会の現実」と「自分の人生」を重ね合わせることで、自分は何のために、誰のために応えるのか、社会のどの部分を担うのか、自分だからこその使命を発見します。

◆ゼロベースでビジョンを描く

　ビジョンを描く既成概念を砕き、新しい時代を拓くビジョンにアクセスします。

◆現場視察

　一新塾では、"現場主義"がモットー。"現場主義"を一新塾流に定義すれば「自分の人生」と「社会の現実」を交じり合わせて問題解決に挑むこと。現場主義でPlan→Do→Seeを回しながら社会実験に挑みます。各チームが月に一度は現場視察をすることを奨励。現場に赴き五感で感じて、当事者意識を持って取り組むことを何よりも大切にしています。

(3) 第３ステージ：社会実験期

◆「6つの箱」で社会の問題解決のプランニングと実験

　自分だからこそのワクワクする突き抜けたビジョンを描き、リスクを最小限に問題解決のプランニングと社会実験をします。

◆「政策提言」「社会起業」「市民ＰＪ」社会を変える3つの方法論

　「政策提言」による問題解決は、提言することで議員や行政を動かし、法律や予算などに考えを反映させます。機動力に欠ける面もありますが、施策が実施されれば、社会の枠組みそのものが変わることとなり、大きな影響力を持ちます。

　一方、「緊急に何とかしなければ！」と機動力が求められる場合には、『社会起業』（生業）ＯＲ『市民プロジェクト』（本業は別）です。自ら、ヒト・モノ・カネ・情報をマネジメントして今すぐ行動。解決策を対象の方々に対して実行していきます。

◆チームビルディング～リーダーシップ＆メンバーシップ

　一新塾には、1000を超えるプロジェクト立ち上げの経験を通じて生まれたチームビルディングの方法やマネジメント理論が蓄積されています。バックグラウンドが違う者同士でも、互いの志を育み合い、根っこで深

第4章■「根っこ力」の育み方

くつながり協働することができます。異質同士だからこそ、計り知れないパワーや創造が生まれます。定期的に「リーダーシップ研修会」、「メンバーシップ研修会」を開催。

◆タテ軸ヨコ軸　羅針盤

毎年、約90の社会を変えるプロジェクトが立ち上がり、現場で実験を繰り返しながら進化させます。こうした活動を振

タテ軸ヨコ軸羅針盤

り返る中で発見がありました。それは理念のタテ軸と協働のヨコ軸が存分に響き合ったときにのみ活動が大きく展開するということでした。右図のタテ軸ヨコ軸羅針盤で新しいリーダーシップが従来の限界を突き破ります。

◆コンサルティング

その道の第一線で活躍されている講師による「政策提言」「社会起業」「市民プロジェクト」に対しての親身のコンサルティングの機会を随時、ご用意しています。

(4) 第4ステージ：プロジェクト展開期

◆講師がチーム活動のブレインに！

様々な領域の第一線で活躍している講師の方々が一新塾にお越しになる一番の目的は、一新塾生のアクション支援のためです。だから、熱く語りかけることで、ブレインとして活動の支援をいただける場合もあります。

◆議員や自治体首長、社会起業家への提言

講義では、議員・自治体首長に政策提言する機会が随時あり、それをきっかけに、具体的に塾生の提言が実現したこともあります。また、

自らの事業プランを社会起業家に直接ぶつける機会もあります。

◆ＯＢＯＧがアドバイザーになるフィードバックシステム

先駆的な実践をされているＯＢＯＧが、生み出した知恵を次に続く塾生に伝授してくれるフィードバックシステムがあります。

◆志を支援し合うコミュニティ

個々の志の共感をベースにつながる縦割りを超えた多様な人的ネットワークが生まれます。本気の旗を揚げた方を相互支援しあいます。

◆人生の転機

このような学びの中で「入塾時の名刺と卒塾時の名刺が違う方」が毎年2割以上出てくるのも一新塾の特徴です。受講期間中に、転職、社会起業、NPO設立、議員立候補など、人生の転機を迎えるのです。新しい挑戦に向けて、いつでもご相談に乗らせていただきます。

◆事務局長による個別コンサルティング

人生の転機の相談からミッション・ビジョン探究、「社会起業」「政策

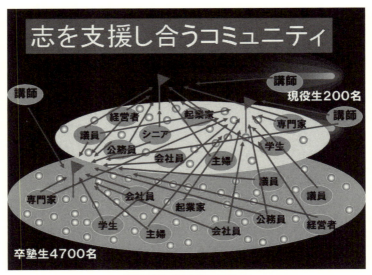

志を支援し合うコミュニティ

提言」「市民プロジェクト」のコンサルティングまで、いつでも、何度でも、個別コンサルティングさせていただいております。

2　誰もが志を生きるマネジメント

　これまでは、志を生きられるのは一部の限られた人たちだけでした。たとえば、100人の会社であれば、純粋な意味で、志を生きられるのは社長一人だけでした。だから社員が、「自分は何のために働いているのだろうか？」と思ってしまうことがしばしばありました。そこには、20世紀のマネジメント手法の限界があったように思います。

　これまで1000を超える塾生による社会変革プロジェクトがこの場から誕生してきましたが、振り返ってみますと、ずっと目指してきたのは、一人が志を生きられるマネジメントではなく、「誰もが志を生きられるマネジメント」であったように思います。

　そこでは、リーダーが志を貫きとことん生きるのはもちろんこと、メンバーも「このプロジェクトにかかわったからこそ自分も志を生きられた」と、リーダーもメンバーも全員が志を生きる人生を後押しされるプロジェクトがありました。まるで交響楽団のように、一人ひとりの個性あふれる志が響き合い、調和が生まれるのです。

　21世紀の「誰もが志を生きられるマネジメント」の特徴は、"人間ありき"です。プロジェクトをしている時も、プロジェクトをしていない時も、プロジェクトの境界線を越えて、リーダーもメンバーも互いに人生を丸ごと受け止め合うことからスタートします。互いに志を育みあい、応援し合う同志の絆がプロジェクトの土台となるのです。

　誰もが志を生きられる。道は、ここにあります。

3 一新塾を支えてくれる、志を生きる同志からのメッセージ

渡辺雅則 （13・15・17期／公園芝生化プロジェクト代表）

『一人ひとりには役割以前に大切な志がある』

私は団塊世代の元商社マン。退職し第二の人生の羅針盤を求めて2003年入塾。塾生時代は病院のモノサシPJを立上げ、卒塾後運営スタッフとして関わり、地域では芝生の防災公園を実現させた。会社生活を振り返ると「役割」に縛られて生きていた気がする。

現在は「役割」以前に「人」としてどうありたいか、を自問するようになった。これも塾生の志を真ん中に置いた敬意・感謝・共感の場に触れてきた結果だと思う。一人一人には役割以前に大切な志がある。これが今の私の羅針盤だ。私の家族にも志があることに恥ずかしながら気づかせてくれた。家事を積極的に担うようになったと自分では思う。ささやかながら家族の志の応援のつもりだ。

坂田静子 （16期／会社役員）

『一年間のプロジェクト活動は、ライフワークを決める時間』

私は2005年に一新塾を知り、入塾しました。自治体の福祉保健部長に在職中で、多様な福祉ニーズに、行政だけでなく民間企業や市民できめ細かなサービスを提供していく必要に迫られていました。そんな時に、一新塾は第一線で活躍・活動する人たちの講義が聴ける貴重な場でした。今でも変わらないです。一年間のプロジェクト活動は、自身のライフワークを決める時間となりました。運営スタッフとしては、数多くの塾生プロジェクトに関わり、人生をかけてチャレンジする姿が眩しかったです。全てがうまくいくとは限りませんが、仲間がいるから失敗できる、経験を積むことができるのです。

私は今、中小企業の応援に関わり、少しでお役に立ちたい、若い人と協働できる日々を送りたいと願いつつ過ごしています。

第4章■「根っこ力」の育み方

林 冬彦　（元理事／戸田市議会議員）

『平成維新を唱える大前研一氏に共感』

　19歳で、母が癌で亡くなりました。初めて自分が世の中に対して何をなすべきかを考えました。大学では社会心理学を学び、シンクタンクに就職。その頃、平成維新を唱える大前研一氏に共感し会員になり、一新塾の立ち上げを若手メンバーで提言しました。
　そしてシンクタンクを辞めて平成維新の仕事に転職。そこでは、パソコン通信の担当もしていたため、次の転職先でインターネット関連の事業を立ち上げ、WEBプランナーとして独立しました。縁あって埼玉県戸田市へ引っ越し、生まれて初めて地域活動に足を踏み入れ、町会の副会長に。「戸田市で住むと楽しいな」のブログも始め14年。一新塾ではIT広報戦略の講座を担当。今年、戸田市議会議員に当選。地域のために邁進しています。

木下 豊　（6期／合同会社文屋　代表社員）

『新しい言葉「美日常」をもたらした一新塾』

　私は生まれ故郷である長野県小布施町に暮らし、自宅を仕事場に「文屋（ぶんや）」という名の出版社を営む。文屋を創業した1999年、私は第6期本科として一新塾の門をくぐった。自宅から東京の一新塾まで2時間余りを毎週往復して、1年間休まずに通った。一番の魅力は、政策提言チームでの仲間との議論。「動いてなんぼ！」
　一点突破の具体的な構想を楽しんだ。ここで辿り着いたのが「美日常（びにちじょう）」という新しい言葉。「たいくつな日常」と「たいへんな非日常」。そのどちらでもない「たのしい美日常」。日常と非日常の中間にあってグレーな存在である美日常を拡充することが、「生活者と来訪者の満足が調和した、独自性の高い生活文化・経済文化の創造」には欠かせないという結論を手にすることができた。美日常の視座はその後の私の仕事と暮らしの主軸となった。

藤井 秀一　（3・4・9～23期／道州制.com代表）

『議員会館に提言したふるさと納税が実現』

　2002年2月に一新塾で受けた故加藤哲夫さんのワークショップ授業が私の人生を変えました。その夜、道州制実現で意気投合したメンバー6人がお金を出し合って集めた3万円でホームページを立ち上げ、「道州制ドットコム」が発足。それから数年後には「道州制」検索ナンバーワンに。主催したシンポジウム「市民がつくる道州制」では152人ワークショップに成功。議員会館に提言したふるさと納税が実現。出版した「道州制で日はまた昇るか」は四刷となりました。今年で活動開始15年になりますが、自分たちで動いてこそわかることが本当に沢山あります。一新塾の前に一歩進む場の力を、今後も微力ながらサポートしていきたいと思います。

笹本 貴之　(6期／笹本環境オフィス株式会社代表)

『地方だからこそ、「日本の新しい豊かさ」を見出す可能性』

　多くの地方出身者は、田舎を捨てて都会で自己実現を試みている。ただ、自分や家族の幸せとか、物質的な豊かさとかに偏る都会での生活に、欠乏感を抱いている人は多い。まさにその一人だった私は、一新塾で「地方の可能性」を知り、卒塾の翌年に帰郷した。しかし、故郷・山梨で見えてきたのは、都会の価値観を追っているという実態だった。未だに、政府の地方創生の掛け声のもと、地域間で人やお金の奪い合いをしている。人口が確実に減っていく将来に向けて、相変わらず一人勝ちを企むのか？それよりも地方が一体になって既存財産を有効に活用して、人間関係を深めることが重要ではないのか？もう多くを望まない地方だからこそ、「日本の新しい豊かさ」を見出す可能性がある。私はワイン産地を活用した「ワインツーリズム」運動や、森林資源を活用したペレットストーブ事業を通じてそう確信した。一新塾で共に学び、日本の価値観を塗り替えたいと思っている。

倉田 剛　(9期／会社員)

『一新塾は常に変化している』

　思い起こせば今から23年前になりますが平成維新の会の活動から一新塾は生まれました。それ以来私は運営スタッフをさせていただいております。この間何回か職は変わりましたが、現在に至るまで一新塾に関わっているのは、一新塾は常に変化しているからです。また一新塾のチーム活動は卒塾で終わるわけではありません。卒塾後も続き、さらに発展している活動も沢山あります。私は9期のOBですが、その時のチーム活動は道州制ドットコムとして現在も続いています。さらに現在は一新塾での経験を活かして、地元相模原市のNPOで住民の知恵と地域の特性を活かしたまちづくりに取り組んでいます。まずは出来ることから一歩踏み出してみませんか！

大島哲也　(19・21・23期／NPO法人irori代表)

『モノの独占からコトをシェアに価値を転換する』

　「世界平和」という漠然とした私の志を森嶋さんを始め塾生のみなさんと想いをぶつけ合うことによって「モノの独占からコトをシェアに価値を転換することで平和で幸せを実感できる世界を創ること」なのだと気づかせていただきました。幸せをシェアできるコミュニティとして「禁煙サルサ」「ペアッツ」「FreeHugs」「テーマシェアハウス」「世界平和へのロードマップ作成」などを一新塾で立ち上げたNPO法人iroriによって運営しています。サラリーマンを辞め10年以上社会起業家として活動し続けられているのも、こんな漠然とした私の志も大切にし、支援してくださる一新塾があったからこそだと感謝しています。

第4章■「根っこ力」の育み方

橋本弥生 (27・29期／宮古諸島つかさ応援PJ代表)

『一度失ったら戻らない自然や日本の文化を守ること』

外資系の銀行に勤め、毎日忙しくしていた時、たまたま旅行で訪れた伊良部島で、素晴らしい聖地を守る「つかさ」という役割を担う後継者がいなくなっているという現状を知りました。刻々と変わっていく情勢・環境の中、一度失ったら戻らない自然や日本の文化を守ることこそ今必要な自分の使命だと感じ、社会活動のノウハウを得るため一新塾の門をたたきました。マイナス金利という今までの常識が通用しなくなった世界経済・情勢の下、確かなのは人との絆である、と一新塾・現場・仲間を通じて学びました。春に宮古島カフェを東京で開き、秋に伊良部島の豊年祭で寄付するというサイクルで現在活動中です。

山之内淳史 (12期／会社員)

『まず自ら現場に動き出せるようになった』

私は結婚という人生の節目を迎えて、地元コミュニティとの接点のない生活そして明るい展望を持てない日本に何か自分ができることは何か？という問いを持って一新塾の門を叩きました。一線で活躍されている講師のお話に自分の無知を思い知らされ、塾仲間にはお互いの志に触れ刺激し合う信頼という絆をいただき、プロジェクト現場では自分勝手な思い込み気づかされる濃密な日々でした。子供たちとのワークショップをやりたいと想って、

実践を重ねている内にオリセンの方からお声がかかり、商店街向け中高生まちづくりWSを実施したのは私にとって奇跡のような体験でした。あの時の子供たちの笑顔は本当に一生の宝物です。そして最後になりますが、まず自ら現場に動き出せるようになったことが私の人生にとってその後につながる大きな収穫であったと考えております。

コスギ淳子 (30・32・34期／グリーンフィールド代表)

『都市の生物多様性型緑地創りと次世代の育成』

一新塾の説明会に参加したのは、1人で支えていたNPO運営スクール存続のヒントを検索中偶然ヒットしたのがきっかけでした。在塾中は、自分が掲げるPJを資金も身分も名も無い一市民が本当に成し得えるのか？　続けていけるのか？　自問自答。ディープな心の棚卸を行いました。進む決心ができたのは、一新塾皆さんの支えと先輩方の行動と勇気に触発されたからでした。卒塾後は、試行錯誤のスローペースですが、児童遊園内のバタフライガーデンなど少しずつ形を創りつつあります。一新塾は、自らの答えを見出す力、

自発性や個性を誰よりも尊重する「場」だと思います。新しい社会を創造する力強い人材へと成長を応援しています！

近藤芳樹 （7期／一新塾理事・事務局）

『かつての自分も声をあげられない子どもだった』

学生時代、学童保育でボランティアをしていました。トイレの鍵が壊れて出られなくなり声をあげずに何時間も待ち続けた小1の女の子と出会いました。どんな教育理論やスキルを身につければいいのか？それを見つけることが彼女と向き合うことだと思っていました。そんな頃、図書館で森嶋さんが編集した本と出会いました。「新しい日本をつくるために私ができること、あなたができること」の言葉に背中を押され、名古屋で入塾しました。ワークや現場体験を通じ、「かつての自分も彼女と同じように声をあげられない子どもだった」、その実体験と共感こそが、どんなスキルよりも、かけがえのない第一歩目なのだと気づかせていただきました。私の原体験です。

◆

現在、事務局スタッフとして、学校運営業務と学びの場の環境サポートを担当しています。その中で、大切な役割として塾生のプレゼンテーションのタイムキーパー役があります。「30秒前です」とボードを出しては、「ピピピピ」とベルを鳴らして「お時間です」。この役割を初めて担うとき「あなたの仕事は、言葉をさえぎり、止めることではないよ。志の言葉を全て言いきってもらうことが役割だよ」と教えられました。

かつての私は、「やっぱり言うのをよそう」「やっぱり言わなければよかった」と思うことが習い性でした。しかし、多くの塾生の方が、1年の学びを経て、1分あれば、のびのびと思いっきり志を語りきれるようになっていくさまを間近で見続け、誰もが志を語りきれるようになることを人一倍信じて、責任を自覚して、担わせていただいています。ぜひ、語りきる喜びをご一緒に！

塾生プレゼンテーションのタイムキープ役を担う近藤さん

あとがき

　本書は、誰もが志を生きるためのガイドブックです。敷かれたレールの歩み方ではなく、自らレールを敷くための知恵が溢れている、道なき道を切り拓くガイドブックです。

　政策提言でも、社会起業でも、市民活動でも、誰もやったことのない新しいプロジェクトに挑戦するとき、常に困難の壁が訪れるものです。その壁が高く険しいとき、人はあらゆる手立てを尽くそうと奮闘するわけですが、結局、それを乗り越えるために人は、自分自身の動機に立ち戻るしかありません。

　動機とは、木にたとえれば「根っこ」です。根っこがしっかり張っているからこそ、高く太い幹を支えることができます。巨木は地中に大きな根を張り巡らせているからこそ、嵐が来てもびくともしません。ですから現れる壁を乗り越えられるかどうかは、あなたが動機をどこまで深めているかにかかっているのです。

　私の胸にずっと刻まれている創設者大前研一氏の言葉があります。「ゼロベースからの改革を担う、主体的な市民を作り出すためにも、民主主義の基本である主義主張を越えた自由な議論を交わすことをモットーとしたのである。その意味でも、講師、塾生も含めて、私の主張に真っ向から反対する者も大いに歓迎した」

　1996年、私が一新塾と出会って最初に衝撃を受けた言葉です。自分の中に全くなかった発想だったからです。いや、正確に言えば、自分には実行できなかった憧れの生き方だったからだと思います。恐らく、大前氏は根っこを深く深く地中に張り巡らせていたからこその懐の深さだったと思います。どんなコミュニティなのか、本当にワクワクしました。

ここは、新しい社会創造の実験場。「社会の現実」に「自分の人生」を投げ入れると化学反応が起こります。葛藤の中で、既成概念が砕かれ、自分の内から突き上げてくる力の源泉。自らの人生の必然。社会に応えんと湧き上がる志。これこそが、「根っこ力」！

　この書に登場した、さまざまなバックグラウンドの人たち。どのような家庭環境に生まれ、どのようなまちで育ち、どのような学生時代を過ごし、どのような仕事につき、どのように敷かれたレールを歩む時代があり、どのように自らレールを敷く人生に転換していったのか、社会との交わりの中でこそ起こる、市民一人ひとりの人生と社会の同時変革の物語です。

　社会の根っことは、一人ひとりの志だと思います。根っこのない社会とは、この一人ひとりの志が埋もれてしまっている社会。

　この物語によって、あなたの「根っこ」が呼び覚まされ、あなただからこその志を生きる挑戦が始まりますことを心より願っています。

　最後になりましたが、この書の編著にあたりましては、ずっと一新塾を支え続けていただいている創設者の大前研一氏、共同代表の青山貞一氏、理事の前澤哲爾氏、いつも深い知恵に触れさせていただいている講師の皆さま、卒塾生・塾生の皆さま、運営スタッフ（ボランティアの卒塾生）の皆さま、そして、寛容なご配慮でずっと背中を押していただきました一藝社常務取締役の小野道子さま、企画・編集部の藤井千津子さまに心より感謝申し上げます。

2017年8月吉日

一新塾代表理事・事務局長　森嶋伸夫

【プロフィール】

■NPO法人一新塾

一新塾は、新しい日本を創造するネクストリーダー養成学校として、大前研一を創設者として1994年に開塾。これまで500名以上の社会変革に挑戦されている多様な主義主張の講師の方をお呼びして学ばせていただいています。

官僚や政治家に全て任せきりの無責任なサイレント・マジョリティにとどまることなく、ゼロベースでビジョンを語り、現場のニーズを掘り下げ、自らが行動し、社会創造に挑む約5000人の『主体的市民』を育んできました。20代から60代まで、ビジネスマン、主婦、学生、フリーター、経営者、地域リーダー、社会起業家、NPO・NGOスタッフ、公務員、議員、ジャーナリスト、デザイナー、アーティスト、市民なら誰でも、様々なバックグラウンドを持つ方が、志の疼きに促され、この場に集います。

自らのミッションを生きる主体的市民として一新塾独自に生み出された「志を生きる技術」を体得し、仲間とプロジェクトを立ち上げて、次なる社会変革に挑戦する人が生まれ続けています。働きながら平日や土日で学び、1年で次なる一歩に踏み出せるプログラムとなっています。

塾生による市民起点の社会を変えるプロジェクトの立ち上げは1000以上誕生（「政策提言」「社会起業」「市民プロジェクト」）。これまで、社会起業家は240名、国会議員は10名、自治体首長は12名、地方議員は155名輩出しています。

名称	NPO法人一新塾
代表理事	青山貞一（一新塾代表理事・(株)環境総合研究所顧問・東京都市大学名誉教授）
	森嶋伸夫（一新塾代表理事・事務局長）
理事	前澤哲爾（山梨県立大学名誉教授）
	菊地真紀子（合同会社VALN代表）
	近藤芳樹（一新塾事務局スタッフ）
監事	池澤卓治（アイク・インターナショナル・コンサルタンツ代表取締役）

【プロフィール】

■**森嶋伸夫**（もりしまのぶお）　　NPO法人一新塾代表理事・事務局長

　1964年生まれ。1988年慶應義塾大学卒、積水ハウス(株)に入社。「都市開発」「まちづくり」の仕事に携わる中で、市民性と地域コミュニティの重要性を痛感し、一新塾へ入塾。志をさらけ出して生きること、異質同士が切磋琢磨し協働することの計り知れない可能性を実感。1997年、政策学校一新塾マネジャーへ。大前研一氏の下で薫陶を受ける。
　2002年一新塾のNPO化に伴い、代表理事・事務局長就任。20年で5000名近くの塾生の"志を生きる挑戦"に立ち会い、人生の転機での相談役。これまでに1000を超える市民からの社会変革プロジェクトをインキュベート。「政策提言」「社会起業」「市民プロジェクト」立ち上げの独自の方法論を体系化。誰もが、いつでも、どこでも、市民を生きられる『志を生きる方程式』のメソッドを確立。年間100の講座と700回の個別コンサルティングを行う。入塾前の体験講座として、一新塾体験セミナーも担当。これまで、体験セミナーは全国で1000回開催、1万人が受講。市民起点の新しい国づくり、地域づくりの支援に全国を日々奔走している。
　著書に『根っこ力が社会を変える』（ぎょうせい）、共著に『一新力』（文屋）、『今のニッポンを変えろ!』、『大前研一の一新塾』（プレジデント社）、『新しい日本をつくるために私ができることあなたができること』（ダイヤモンド社）

【一新塾募集要項】

対象：ともに議論し合い、行動していこうという方（学歴・国籍は問いません）
- ●志を果たす生き方をしたい方
- ●ゼロベースでビジョンを描きたい方
- ●議論しあえる仲間が欲しい方
- ●先送りできない問題を抱えている方
- ●仕事の傍ら地域で活動したい方
- ●「社会起業家」を志す方
- ●「政治家」を志す方
- ●NPOを立ち上げたい方
- ●人生の壁にぶつかっている方
- ●人生の必然とつながる活動をしたい方
- ●社会変革のフィールドを見つけたい方
- ●政策提言をしてみたい方
- ●仕事の壁を乗り越えたい方
- ●家族の課題を社会で解決したい方
- ●経営者で次の展開に向かいたい方
- ●自分軸で挑戦したいサラリーマンの方

開講時期：年2回　5月と11月
受講期間：12ケ月（平日夜間・土日で学びます）
コース：　政策提言コース/社会起業コース/市民プロジェクトコース
内　容：　『講義』『ワークショップ』『コンサルティング』『プロジェクト支援』『研修合宿』
　　　　　『現場視察』『個人面談・個別コンサルティング』
　　　　　※仕事や転職・起業・立候補など、どのような相談もお受けします。

東京本科：平日夜間　月に3回（1講座2時間）、土日祝日　月に1回（1講座5時間）
地域科：　土日祝日（1講座5〜6時間）
　　　　　（大阪・名古屋は年10回、仙台は年6回、別途、『個別面談』あり）
　　　　　東京の講義映像を年間20本DVDで送付。東京の講座は年10回聴講可。
通信科：　東京の講義映像を年間20本DVDで送付。東京の講座は年10回聴講可。

入塾金：　6万円
受講料：　15万円（本科）、11万円（地域科）、11万円（通信科）
　　　　　※なお、仙台地域科は特別割引制度があります。

説明会：無料体験セミナーとして各地で開催。（開講に合わせて3〜5月、8〜10月）
　　　　一新塾ホームページで予約を受け付けています。
　　　　「一新塾 facebookページ」「メールマガジン　一新塾ニュース」にて、情報発信中！

資料請求・お問合せ：NPO法人一新塾
　　　　　　　　　　(東京都港区芝3-28-2カスターニ芝ビル2F)
　　　　　　　　　　URL：http://www.isshinjuku.com
　　　　　　　　　　Mail：iss@isshinjuku.com
　　　　　　　　　　電話　03（5765）2223／FAX　03（5476）2722

人生と社会を変える　根っこ力
政策提言・社会起業・市民活動

2017年9月15日　初版第1刷発行

編　著　NPO法人一新塾 / 森嶋伸夫
発行者　菊池 公男

発行所　株式会社 一藝社
〒160-0014 東京都新宿区内藤町1-6
Tel. 03-5312-8890　Fax. 03-5312-8895
E-mail : info@ichigeisha.co.jp
HP : http://www.ichigeisha.co.jp
振替　東京 00180-5-350802
印刷・製本　シナノ書籍印刷株式会社

©Nobuo Morishima　2017 Printed in Japan
ISBN 978-4-86359-130-1 C0030
乱丁・落丁本はお取り替えいたします